KB039801

| 뒤집힌 세상에 필요한 사고 전환 노트 |

싱킹 프레임

KANGAERU RENSHUCHO
by Isao Hosoya
Copyright ⓒ 2017 Isao Hosoya
Korean translation copyright ⓒ 2021 by Jawhasang Co.,Ltd.
All rights reserved.
Original Japanese language edition published by Diamond, Inc.
Korean translation rights arranged with Diamond, Inc.
through Tony International.

이 책의 한국어판은 토니 인터내셔널을 통한 Diamond, Inc.와의 독점계약으로
한국어판 저작권은 '주식회사 자화상'에 있습니다.
저작권법에 의해 한국 내에서 보호를 받는 저작물이므로 무단전재와 무단복제를 금합니다.

|뒤집힌 세상에 필요한 사고 전환 노트|

싱킹 프레임

호소야 이사오 지음 | 정은희 옮김

THINKING FRAME

프로젝트 A

무기로서의 사고력을 키워야 할 때

스스로 생각하는 힘이 중요하다

상상도 못했던 시대가 펼쳐졌다. 지금까지 한결같이 지구상의 지성을 이끌어온 인간의 위치가 위협받고 있다. 긴말할 필요도 없이 인공지능, 즉 AI의 발전 때문이다.

영국의 AI 개발회사 딥마인드(DeepMind)가 만든 컴퓨터 바둑 프로그램 '알파고'는 아직 시기상조라고 여겼던 AI와 인간의 바둑 대국에서 세계 최고의 바둑기사들을 상대로 압도적인 승리를 거뒀다. 그렇게 할 일을 다 마친 알파고는 돌연 '은퇴'를 선언했다.

알파고의 활약으로 유명해진 '딥러닝'(deep learning, 컴퓨터가 여러 데이터를 기반으로 스스로 학습할 수 있게 하는 기술-옮긴이) 기술은 다양한 분야에서 인간의 능력을 넘어서고 있다.

이러한 현상은 '방대한 데이터를 기반으로 한 패턴 인식의 고도화'라는 형태로 인간 이외의 존재가 지적 영역에 발을 들였음을 의미한다. 기존의 AI붐으로는 전혀 다다르지 못한 수준, 즉 인간만이 갖고 있다고 믿었던 특별한 능력인 사고력(추상화하는 능력)을 인간 이외의 존재도 갖추게 되었다는 뜻이다.

지금 세계는 글로벌리즘보다 자국의 이익을 우선시하는 내셔널리즘이 확산되고 있다. 그 배경에는 '이민자가 자국민의 일자리를 뺏는다'라는 위기감이 깔려 있다. 하지만 세계화보다 AI가 양적으로나 속도 면에서도 압도적으로 큰 변화를 가져오고 있다는 사실에 주목해야 한다.

'AI의 이민'이라는 변화가 우리 사회에 끼치는 영향은 같은 인간 사이에서 일어나는 이민이 주는 영향과는 차원이 다르다. 이런 시대에 우리 인간이 해야 할 일은 무엇일까?

'나는 얼마나 내 머리를 써서 스스로 생각하고 있는가?'

한번 생각해봐야 할 문제가 아닐까. AI, 클라우드 컴퓨팅 등 ICT(정보통신기술)가 비약적으로 발전하면서 '많은 정보를 단순 암기하는 행위'의 가치가 점차 줄어들고 있다. 또한 단순화·정형화된 일만이 아니라 이제까지 지적이라고 여겨온 일, 특히 지식과 경험의 양이 중시되는 업무마저 서서히 기계에게 맡겨지고 있다.

이런 시대를 살아가는 우리가 해야 할 일, 그리고 우리에게 필요한 것은 바로 '자신의 머리로 스스로 생각하는 힘'이다. 그 힘을 기른 사람만이 자신이 원하는 삶을 살아갈 수 있다.

지금, 스스로 생각하고 있는가?

AI의 발전으로 일자리가 줄어든다고 불안해하는 사람이 많다. 그러나 오히려 '누구라도 할 수 있는 정형화·단순화된 일에 오랫동안 매달릴 필요가 없어진다'라고 긍정적으로 생각해보면 어떨까? '인간만이 할 수 있는 일, 나만이 할 수 있는 일'에 더 집중할 수 있을 것이다. 인간의 손으로 만든 AI를 굳이 인간이 불행해지는 방향으로 이용할 필요는 없지 않은가.

하지만 일상적으로든 일적으로든 스스로 생각해야 할 필요성을 느낀다 해도 실제로는 어떻게 해야 할지 뚜렷하게 알 수가 없다. '당신은 지금 스스로 생각하고 있는가?'라는 질문을 받았을 때, 아니라고 답하는 사람은 그다지 많지 않을 것이다. 그러나 반대로 당연히 스스로 생각한다며 큰소리치는 사람도 별로 없지 않을까?

이 책은 그런 어려움을 겪는 사람들에게 도움을 주고 싶은 마음에서 출발했다. 지식을 주입하는 암기 위주의 공부와 달리 사고력을 기르는 일은 약간의 고민이 필요하다. 암기 위주의 공부는 개인차가 다소 있지만, 기본적으로 성과가 시간에 비례한다. 그러나 이 책의 테마인 '사고력'은 그렇지 않다.

생각하게 하는 계기와 그 비결만 알면 한순간에 세상을 보는 시각과 사고방식이 바뀔 수도 있다. 다만 세상을 보는 기본적인 시각과 가치관을 바꾸지 않는 한 아무리 시간을 들이고 훌륭한 조언을 듣더라도 영원히 사고력을 기를 수 없다. 그것이 '지식'의 세계와 구별되는 큰 차이점이다.

이 책은 세상을 바라보는 시각과 가치관의 변화를 일으키는 데 실마리가 되도록 생각하는 연습 방법을 알려준다.

지금까지 우리 사회가 고수해온 교육 방향은 사고력을 억압하는 쪽에 가까웠다. 학창 시절에는 지식의 양을 시험이라는 제도를 통해 평가받고 성적이라는 하나의 기준으로 서열이 매겨졌다.

회사에 들어가서도 마찬가지였다. 서열에 따라 상사나 고객의 말에 의문을 품거나 불평 한마디 내뱉지 않고, 그저 효율적으로 일하는 사람이 인정받았다. 표면상으로는 개성을 잃지 말고 스스로 생각하라고 말하지만, 효율적인 업무 진행을 위해서 스스로 생각하지 않는 사람을 높이 평가하는 시스템으로 움직였다.

우리 사회에는 네 가지 유형의 사람이 있다.

① 지식과 사고력을 모두 갖춘 사람
② 지식은 없으나 사고력이 있는 사람
③ 지식은 있으나 사고력이 없는 사람

④ 지식과 사고력이 모두 없는 사람

지식·경험 중시 시대에서 사고력 중시 시대로

〈도표 1〉에서 가로축은 지식과 경험의 양을, 세로축은 사고력의 수준을 나타낸다.

① 지식과 사고력을 모두 갖춘 사람(왼쪽 상단)은 만능 슈퍼맨을 연상케 한다. 일에서도 당연히 훌륭한 성과를 보인다. 기존 사회에서 높은 평가를 받은 유형은 주로 ③ 지식은 있으나 사고력이 없는 사람(왼쪽 하단)이었다.

의외라고 생각할지도 모르지만, 특히 회사에서 인정받아 온 '우수한 인재'의 전형은 자신의 머리로 생각하는 독창성을 발휘하기보다 기존의 작업 방식과 유럽이나 미국의 최신 정보 등을 가장 빨리 학습하고 실행에 옮기는 사람이었다. 그들의 전형적인 코스는 '유명 대학'을 졸업하여 '유명 대기업'에서 평생을 바쳐 일하는 것이었다.

그러나 시대가 변하면서 '가로축(지식·경험)'보다 '세로축

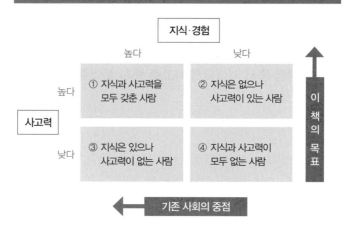

〈도표 1〉 인간의 네 가지 유형

지식·경험

	높다	낮다
사고력 높다	① 지식과 사고력을 모두 갖춘 사람	② 지식은 없으나 사고력이 있는 사람
사고력 낮다	③ 지식은 있으나 사고력이 없는 사람	④ 지식과 사고력이 모두 없는 사람

이 책의 목표

기존 사회의 중점

(사고력)'이 점점 더 중요하게 여겨지고 있다. 단적으로 말하면 지식은 있으나 사고력이 없는 사람이 우위에 있었지만 점차 지식과 사고력을 모두 갖춘 사람이 우위에 서고 있다. 부족한 지식은 AI가 보충해줄 수 있기 때문이다.

이 책은 그러한 시대의 변화에 어떻게 대응해야 하는지, 그 비법을 알려준다. 만약 지금 자신이 왼쪽 하단 영역에 속한다면 왼쪽 상단으로, 오른쪽 하단에 속한다면 오른쪽 상단으로 옮겨갈 수 있도록 노력해야 한다. 그런 변화에 도움이 되는 힌트를 이 책에서 찾기를 바란다.

먼저 이 책의 전체적인 구상과 접근법의 특징을 설명하고자 한다. 이 책은 '생각하기'의 다양한 측면을 단적으로 보여주기 위해 '철저한 비교와 대조'의 방식으로 전개된다.

나중에 다시 설명하겠지만, '특정 관점을 가지고 비교하는 것'은 중요한 사고법 중 하나다. 그 방식을 책 전체에 걸쳐 적용하고 있는 셈이다.

전체적인 흐름은 〈도표 2〉에 나오는 바와 같이 크게 4개의 파트 및 7개의 장으로 구성되어 있다.

'Ⅰ. 동기부여편'의 1장에서는 생각을 해야 하는 이유에 대해 정리한다. 생각이 지나치면 걱정이 늘고 때로는 행동력이 약해지는 단점도 있지만, 그래도 그보다 더 크고 중요한 이점이 존재한다. 먼저 그것부터 재확인해야 한다.

'Ⅱ. 각성편'에서는 어떻게 해야 사고 정지 상태에서 벗어나 사고회로를 움직일 수 있는지에 대해 설명한다. 2장은 생각하기의 기본 중의 기본이자 소크라테스식 사고법의 근본인 '무지(無知)를 아는 것'으로 시작한다. '나는 아무것도 모른다'라는 대전제가 사고회로를 움직인다.

이어서 3장은 '지식에서 사고로의 전환'이라는 테마로, 이제까지 우리가 길들여져 있었던 지식 편중의 가치관과 사고 방식을 리셋하고 사고형의 가치관으로 반전하는 것을 목적으로 한다. '반전'이라는 표현을 쓴 이유는 지식 편중의 가치관이 때로는 사고에 마이너스 요소로 작용하기 때문이다.

'Ⅲ. 사고원리편'은 생각하는 행위, 즉 사고의 정체를 밝히고 있다. 4장에서는 우리 주변에서 볼 수 있는 행동 패턴과 관련하여 생각하는 상태와 생각하지 않는 상태가 어떻게 다른지 알아보고, 사고회로를 생각하는 상태로 전환하는 법에 대해 살펴본다.

5장에서는 생각하기의 기본 동작, 즉 '보이지 않는 것을 연결하는' 사고법을 여러 측면에서 설명한다. 이 사고법의 전형적인 예가 '구체와 추상의 연결'이다.

6장에서는 '사고의 핵심'이라고도 할 수 있는 '구체와 추상의 관계'를 명확하게 밝혀 사고의 정체에 다가간다. 구체화와 추상화는 사고의 최고 경지라 할 수 있다.

마지막 7장은 'Ⅳ. 취급주의편'으로 생각하기를 실천할 때

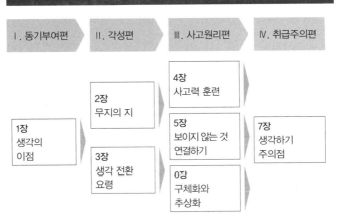

〈도표 2〉 이 책의 전체 구성

Ⅰ. 동기부여편　　Ⅱ. 각성편　　Ⅲ. 사고원리편　　Ⅳ. 취급주의편

4장
사고력 훈련

2장
무지의 지

1장
생각의
이점

5장
보이지 않는 것
연결하기

7장
생각하기
주의점

3장
생각 전환
요령

0장
구체화와
추상화

직면하게 되는 과제에 대해 살펴본다. 생각하기의 '사용상의
주의점'이라고도 할 수 있다. 무슨 일에든 좋은 점이 있으면
나쁜 점도 있다. 그 점을 잘 이해해야 잘 활용할 수 있다. 실
천할 때 가지게 되는 의문점도 함께 정리했다.

　이상으로 이 책의 전체 흐름을 살펴보았다. 이를 염두에
두고 본격적으로 생각 연습을 시작해보자.

생각하지 않는 상태 vs. 생각하는 상태

생각이라는 눈에 보이지 않는 행위를 설명하기 위해 이 책이 선택한 접근법은 '생각하지 않는' 상태와 '생각하는' 상태를 철저하게 비교하는 방법이다. 그리하여 어떻게 해야 생각하기를 실천할 수 있는지 명확하게 알아본다.

각 항목에 제시된 간단한 비교표를 통해 자신의 상태를 확인하고, 어떻게 하면 이 책의 '사용 전'과 '사용 후'의 모습이 달라질 수 있는지 살펴본다. 이처럼 이항대립의 방식으로 말하면 '세상일은 그렇게 단순하게 둘로 나눌 수 없다'라고 반발하는 사람이 있지만, 그런 반응 자체가 '생각하지 않는' 증거이며, '크나큰 오해'라는 점을 6장에서 상세하게 설명할 예정이다.

또한 책을 읽고 직접 실천할 수 있도록 가능한 한 우리 일상과 관련 지어 설명하고자 했다. 예시 대화나 연습문제 역시 일상에서 얼마든지 일어날 수 있는 상황을 바탕으로 준비했으니 기본 원리를 익힌 후에는 반드시 '실제 생활에 어떤 도움이 될까?'를 스스로 생각하면서 읽기를 권한다.

끝까지 읽고 난 후, 여러분이 읽기 전과는 달라진 시각으로 주변 상황을 이해하고 지금까지와는 다른(물론 긍정적인 의미로) 새로운 세계를 발견한다면, 이 책은 제 역할을 훌륭하게 수행했다고 말할 수 있을 것이다. 자, 이제 새로운 세계를 향한 첫걸음을 함께 내딛어보자.

호소야 이사오

5장

창의는 무에서 유를 창조하는 것 – 보이지 않는 것 연결하기

1장

왜 사고력은
무기가 되는가

—

생각의 이점

■

도대체 생각을 하면 어떤 점이 좋을까? 바로 '범용성', 즉 다양한 상황에서 응용할 수 있는 일반성을 꼽을 수 있다. 가령 던지기, 달리기 등 물리적인 행위는 스포츠 선수가 아닌 이상 하루에 몇 번 하지 않는다. 화내거나 기뻐하는 감정적인 행위 역시 종일 계속할 수는 없다.

사고방식이 바뀌면 모든 말과 행동에 변화가 생긴다. 물론 그 변화는 좋은 방향일 수도 있고, 나쁜 방향일 수도 있다. 이 책의 목적은 그 변화를 좋은 방향으로 이끌어가는 데 도움이 되는 힌트를 제공하는 것이다. 그럼 구체적으로 어떤 이점이 있는지 하나씩 살펴보도록 하자.

생각을 틀면 세상이 다르게 보인다

사고방식이 바뀌면 세상이 다르게 보인다. '눈에 보이지 않는 것'이 근본적으로 변한다는 말이다. 그럼 눈에 보이지 않는 것이란 바로 '인식'이다. 이는 사람과 다른 동물을 구분할 수 있는 가장 큰 차이라고도 할 수 있다.

똑같은 현상을 이해하는 데도 사람에 따라 인식의 차이가 크게 나타난다. 예를 들어, 눈앞에 사과 한 개가 있을 때 '맛있겠다'라고 생각하는 사람이 있는가 하면, '빨간색이 정말 예쁘다'라고 생각하는 사람도 있다. '어디서 땄을까?', '무슨 요리를 할 수 있을까?' 등 사람에 따라 인식은 천차만별이다.

다른 동물에 비해 인간은 하나의 '눈에 보이는 것'에서 무수히 많은 '눈에 보이지 않는 것'에 생각이 미치게 하는 뇌 속의 행위, 즉 인식 능력이 상당히 발달되어 있다. 사고력은 이러한 인식 수준에 극적인 변화를 가져온다.

"어떻게 하면 눈앞에 펼쳐진 현상에 대해 생각의 폭을 넓혀 미래지향적으로 발전시킬 수 있을까?"

이것이 인간의 지적 능력이며, 그 기본이 바로 '생각하기'다. 즉 인간의 다양한 고민이나 무한한 가능성 모두 사고력에 달려 있다.

눈앞에서 일어나고 있는 현상은 누구에게든 동일하다. 하지만 같은 상황에서 각자 다른 인생을 전개해나가는 것은 전적으로 그 현상을 어떻게 이해하고 어떻게 발전시켜 나가는지, 개개인의 사고력에 달려 있다.

저 사람은 왜 그렇게 행동한 걸까?

그럼 사고를 하면 무엇이 변할까? 먼저 일상적인 커뮤니

케이션에 다음과 같은 변화가 일어난다.

- 자신의 시점만이 아니라 상대방의 시점에서 생각해본다.
- 상대방이 왜 그렇게 말하는지, 그 배경에 대해 생각해본다.
- 상대방이 자신과 반대 의견을 내는 이유에 대해 생각해본다.

이런 생각을 하는 것만으로도 그저 '상대방을 이해할 수 없는 사람으로 치부하고 무시하는 단순한 태도'에 변화가 생긴다.

동일한 대상을 보더라도 긍정적으로 보는 사람과 부정적으로 보는 사람이 있다는 사실은 이미 우리 모두가 일상적으로 경험하고 있다. 거기에 '왜?'라는 생각을 더하기만 해도 세상을 보는 관점이 크게 달라진다.

설령 주변에 부정적인 사고를 하는 사람이 많더라도 자신만은 긍정적으로 생각하고자 노력한다면, 여태껏 안고 있던 괴로움이 해소될 수 있다. 나아가 부정적인 사고에 빠진 사람들의 기분을 이해하면, 그들을 바라보는 시각도 달라질 것이다.

물론 싫어하던 사람을 갑자기 좋아하게 되기는 힘들겠지

만, 적어도 이해할 수 있다면 두 사람의 관계에 큰 변화가 생길 것이다. 또 일할 때도 단순히 고객이나 상사 등 남이 하는 말대로만 행동하지 않고, 상대방이 무엇을 원하는지 미리 고민하고, 상대방이 말로 표현하지는 않지만 정말 바라는 것은 무엇인지 이해하면, 그들이 기대하는 것 이상을 보여줘서 더 큰 만족감을 줄 수도 있다.

관점의 변화가 중요하다

일반적으로 참신한 아이디어를 많이 내는 사람은 일상생활에서 '남보다 불만을 더 많이 느끼는 사람'이라고 할 수 있다. 의외라고 생각할지도 모르지만, 불만을 느끼면 그저 불평만 하고 끝내는 사람과 감정을 느끼는 데 그치지 않고 '어떻게 하면 불편을 해소할 수 있을까?' 생각하며 적극적으로 아이디어를 내고 개선하고자 행동하는 사람의 인생에는 '하늘과 땅'만큼의 차이가 생긴다.

전자에 해당하는 사람은 주위로부터 '그저 불만이 많은

사람'이라는 부정적인 낙인이 찍히겠지만, 후자는 '아이디어를 잘 내는 사람' 혹은 '적극적으로 행동하는 사람'이라는 긍정적인 평가를 받을 것이다.

출발점은 같지만, 두 사람의 차이를 만드는 요소가 바로 '생각'이다. 사소한 듯 보이는 사고력의 차이가 엄청난 결과의 차이를 낳는 일은 일상에서 무수히 많이 일어나고 있다. 대상을 바라보는 '관점의 변화'가 어떤 변화로 이어지는지, 조금 더 상세하게 살펴보도록 하겠다.

생각을 바꾸면 앞을 내다볼 수 있다

지식과 경험이 '과거의 집대성'이라면, 사고력은 앞으로 맞게 될 미래에 도움이 된다. 지식과 경험을 쌓는 최대의 목적은 앞으로 살아갈 인생에서 활용하기 위해서다. 물론 지식과 경험을 쌓는 행위 자체가 충분히 인생을 풍요롭게 할 수도 있다. 하지만 더 나아가 지식과 경험을 활용하기 위해서는 생각하는 힘이 필요하다.

그럼 지적 능력이란 대체 무엇일까? 지적 능력 중 하나가 '하나를 들으면 열을 아는 것'이다. 선조들이 축적해온 지식과 지혜를 배우는 이유도 그것을 자신의 상황에 맞게 활용하여 다른 기회를 만들어내기 위함이다. 직접 겪은 경험이 배움의 주요한 원천이라는 사실은 분명하지만, 응용하지 못하면 완전히 동일한 상황과 다시 맞닥뜨리지 않는 이상 그 경험에서 도움을 얻기 힘들다.

그러나 하나를 배워 다른 기회에 응용할 수 있다면, 큰 무기가 된다. 달리 말하면, 동물과 차별화된 인간의 무기는 '개별적 사실을 일반화하여 다양한 상황에 응용할 수 있는 능력'이다.

전형적인 예가 과학기술이다. 물리 등의 법칙을 배우는 행위가 바로 '하나를 들으면 열을 아는 것'의 한 종류다. 하나의 법칙이 무수히 많은 응용으로 이어지고, 그런 과정을 거쳐 다양하고 새로운 기술을 만들어 우리 생활을 윤택하게 한다.

다른 동물에 비해 인간은 개별적 사실을 일반화하여 다양한 상황에 응용하는 능력이압도적으로 발달되어 있다. 거기에 큰 공헌을 하는 것이 사고력이다. 개별적 사실을 일반화할 수 있는 능력이 있기 때문에 인간은 과거를 통해 미래를 유추하는 일, 즉 앞을 내다볼 수 있다.

과거의 지식과 경험을 활용하기 위해서는 경험 자체를 쌓기도 해야 하지만, 경험에서 얻은 지식을 그대로 두지 않고 일반화할 수 있는 능력이 중요하다. 일반화를 하면 지식과 경험을 자신의 미래를 위해 훨씬 더 효과적으로 활용할 수 있기 때문이다. 일반화를 위해서는 생각하기가 반드시 필요하다.

생각에서 벗어나면 자유로워진다

 '생각과 자유가 대체 무슨 관계가 있을까?'라고 생각하는 사람도 많을 것이다. 하지만 이 둘은 동전의 양면처럼 상당히 밀접한 관련이 있다.

 인류의 역사는 한마디로 자유 획득의 역사라고 할 수 있다. 가령 인류의 지혜의 상징이라고 할 수 있는 과학기술은 우리를 물리적 제약에서 자유롭게 해줬다. 교통수단의 발달로 거리라는 제약이 없어지고, 가열과 냉동 기술 덕분에 음식은 시간이라는 제약에서 자유로워졌다. 화폐의 발명에 따라 물건을 자유롭게 교환할 수 있게 되었고, 민주주의라는 사회 제도의 발전으로 독재자의 지배에서 벗어날 수 있었다.

이러한 현상은 모두 인간의 지적 창조, 즉 생각하는 행위에 의해 발생한 결과다. 몸은 아무리 물리적 제약에 얽매여 있더라도 머릿속은 자유롭기 마련이다. 다시 말해 생각은 자유롭게 할 수 있다. 물리적인 제약을 없애는 첫걸음은 자유로운 구상에서 시작된다. 자유로운 구상은 세상을 바꾸는 여러 가지 혁신으로 이어진다.

혁신의 형태는 물리적인 제품이나 사회 제도 등 형식은 다양하지만, 모두 인간을 자유롭게 하는 방향으로 작용하고 있다. 얼핏 보면 자유와 정반대에 있는 듯 보이는 법률이나 규제 등의 규칙 역시 원래는 사회나 국가라는 집단 안에서 사람들이 더 자유로워지기 위해 고안해낸 장치다.

생각을 깨면 AI와 공존할 수 있다

　이제는 인간의 생각하는 능력을 설명하는 데 AI의 존재를 빼놓을 수 없다. 앞으로 계속 발전해나갈 AI의 능력에 관해서는 많은 예측이 존재한다. 가까운 미래에 인간을 완전히 능가할 것이라고 생각하는 사람이 있는가 하면, 아직 인간이 지닌 능력의 발뒤꿈치에도 미치지 못했다고 보는 사람도 있다. 또한 인간의 일자리가 상당 부분 없어져서 실업자가 급증하리라는 비관적인 의견부터 AI와 인간이 서로 능력을 보완해나가면서 일이 더 효율화·고도화된다는 낙관적인 의견까지 다양하다.

이러한 논의는 곧바로 결과가 나올 수 없으며, '앞으로 어떻게 하고 싶은가'에 관한 인간의 의지에 큰 영향을 받으므로, 이 책에서 굳이 다루지는 않을 것이다.

하지만 책의 주제인 '인간의 사고력'이라는 문맥에서 생각하면, 일단은 현재 상태에서 AI가 잘하는 것과 잘하지 못하는 것을 정리한 뒤, 앞으로 AI에게 맡겨도 되는 일과 우리 인간이 더욱 강화해야 할 일을 구분할 필요가 있다. 그리고 그 과정에서 사고력을 길러야 하는 이유를 다시 한번 확인하는 것이 중요하다.

이제부터 설명해나가겠지만, 'AI 시대'에는 인간의 사고력이 이전보다 훨씬 더 중요해질 것이다. 절대 그 중요성이 떨어지지는 않으리라고 확신한다.

게다가 앞에서 말한 바와 같이 앞으로 AI와의 공존을 위해서는 어떻게 하고 싶은지에 대한 인간의 의사가 중요하다. 그 문제를 고찰해나가기 위해서라도 사고력의 본질을 이해하고 강화해야 한다.

먼저 현시점에서 AI가 잘하는 일과 잘 못하는 일을 비교표로 정리해보았다(도표 1-1 참고).

〈도표 1-1〉 AI가 잘하는 일 vs. AI가 잘 못하는 일		
AI가 잘하는 일		**AI가 잘 못하는 일**
• 주어진 문제 풀기 • 정의가 명확한 문제 다루기 • 지표를 최적화하기 • 방대한 정보를 검색하기 • 구체적인 대상을 다루기 • 규칙을 지키기 • 변수가 적은 문제 다루기	↔	• 문제 자체를 생각해내기 • 정의가 불명확한 문제 다루기 • 지표 자체를 생각해내기 • 적은 정보로 창조하기 • 추상적인 대상을 다루기 • 규칙을 다시 만들기 • 변수가 많은 문제 다루기

AI로 할 수 있는 일과 할 수 없는 일

어디까지나 현시점(2017년 9월)이라는 전제로 하는 이야기지만, AI는 주어진 문제를 풀 수는 있어도 문제 자체를 생각해내지는 못한다(사실 그런 과제를 내지 않는다).

바둑 실력으로 세계 최고의 바둑기사를 이기는 장면은 많은 사람에게 충격을 안겨줬지만, 새로운 보드게임을 만들라는 명령을 내리면 현시점의 AI는 해낼 수 없다. 다시 말해서 규칙의 정의, 즉 문제 자체만 명확하게 설정해준다면, 압도적인 속도로 과제를 해결할 수 있다는 사실을 AI는 바둑을 통해 증명했다.

다만 이것은 문제를 명확하게 정의할 수 있는 경우에만 해당한다. 문제를 분명하게 정의할 수 있는 바둑이나 장기는 컴퓨터가 아주 잘해낼 수 있는 영역에 속한다. 하지만 만약 AI에게 '판매 실적 향상'이라는 과제를 냈다고 가정해보자. 얼핏 과제가 명확해 보이지만 취할 수 있는 수단의 가능성을 확실하게 정의할 수 없으므로, 변수가 너무 많아서(혹은 어디까지를 변수이고, 어디서부터 변수가 아닌지 모호해서) 현시점의 AI한테는 상당히 풀기 어려운 문제가 된다.

여기서 말하는 변수는 문제를 바라보는 관점과 밀접한 관련이 있다. '문제의 정의=변수의 정의'라고도 할 수 있다. 예를 들어 비즈니스 분야에서는 가격, 고객 만족도, 브랜드 이미지, 직원 만족도, 경영진의 관리 능력 등이 변수에 해당한다. 이러한 변수 자체를 일일이 열거하기란 사실상 불가능하며 변수 자체의 정의를 디지털화하기도 힘들기 때문에 현시점의 AI한테는 문제의 난이도가 보드게임보다 훨씬 더 높다.

AI는 목적을 생각할 수 없다

'문제'는 '목적'으로 바꿔 쓸 수도 있다. 보드게임에는 일정한 규칙 아래 '상대방을 이긴다'라는 명확한 목적이 있다. 현시점의 AI가 잘하는 일은, 목적을 명확하게 정의했을 때 목적을 달성하기 위한 최적의 수단을 제시하는 것이다. 하지만 목적 자체를 생각하는 것은 현시점의 AI가 해결하기 어려운 과제에 해당한다. 따라서 목적을 생각하는 것은 인간이 해야 하는 중요한 일 중 하나다.

문제를 명확하게 하는 것은 무엇이 문제이고, 무엇이 문제가 아닌지를 분명하게 정의하는 일이기도 하다. 현시점의 AI는 경계가 명확하게 정의된 '제한적인 문제'에 대해서는 힘을 발휘하지만, 경계가 모호한 '무제한적인 문제'를 상대하는 데는 능숙하지 않다.

AI가 잘하는 또 다른 영역은 방대한 양의 지식이나 정보를 필요로 하는 일이다. 바둑이나 장기처럼 수많은 경우의 수를 열거하여 하나씩 검증해나가는 프로세스 혹은 변호사나 의사의 일처럼 지금까지 축적된 방대한 사례를 검색하여 최적의 답을 이끌어내는 작업에 관해서는 데이터베이스의 양과 검색 속도가 인간과 '차원'이 다르다.

인간만이 할 수 있는 일에 집중해야 한다

앞에서 언급한 AI의 강점을 뒤집어 생각하면, AI의 약점과 연결된다. 데이터와 정보가 충분하지 않은 분야에서 '행간을 읽는 능력'은 인간에 비해 AI가 부족하다. 인간은 적은 정보로도 원하는 대로 상상하고 창조해낼 수 있다.

구체와 추상에 관한 모호성에 대해서도 짚고 넘어가야 한다. 지금까지 AI에게 내리는 지시와 조건은 매우 구체적이어서 자유롭게 해석할 수 있는 여지를 최대한 적게 설정해야만 했다. 다시 말해 '누가 해석해도 같은 결과가 나오는 수준'으로 지시를 내려야 하므로 구체적일 수밖에 없었다. 이것이 AI의 또 다른 약점이다.

좋든 싫든 모호성을 허용하기 어렵다는 점이 반대로 인간의 강점을 드러나게 한다. 인간은 추상적인 언어로 대화하고 상상력을 발휘할 수 있다. 추후에 설명할 예정이지만, 인간의 '추상화' 능력은 동물에 비해 압도적으로 뛰어난 지적 능력의 원천이다. 구체적인 명령만 다룰 수 있는 한 AI는 지시받은 일밖에 할 수 없다.

그러나 최근에는 이 영역에까지도 AI가 발을 내딛기 시작했다. 바로 '딥러닝' 기술 덕분이다. 다양한 사진을 보고 사진 속의 대상이 개인지 고양이인지를 판단하는 '패턴 인식'은 추상화의 한 유형이라고 볼 수 있다. 이 기술이 고도화되면, AI의 지적 능력은 분명 인간의 수준에 상당히 근접할 것이다.

지금까지 살펴본 AI가 잘하는 일과 잘하지 못하는 일을 머릿속에 새겨두자. AI가 잘하는 일은 점점 더 AI에게 맡기고, 인간은 인간만이 할 수 있는 일에 집중하여 우리의 일상을 풍요롭게 만들어나가야 한다. 그것을 실현하기 위한 가장 강력한 무기 중 하나가 이 책의 테마인 '스스로 생각하기'다.

생각할수록 인생이 즐거워진다

생각하기에 다양한 이점이 있음을 지금까지의 설명으로 충분히 이해했을 것이다. 다만 나중에 설명하겠지만, 원래 절대적으로 좋은 것이나 나쁜 것 혹은 옳은 것이나 틀린 것은 없다. 모든 것은 환경과 상황에 따라 다르다는 점은 이 책이 전하고자 하는 핵심 메시지 중 하나다. 하지만 그런 단점에도 불구하고 역시 생각을 하면 많은 이점을 얻을 수 있다.

궁극적으로 생각하는 행위 자체가 우리의 행복과 이어지지 않으면, 열심히 익히고 실천해봤자 아무 의미가 없다. 생각하기의 궁극적인 목표는 매일의 업무나 공부 혹은 일상생활을 포함한 인생 전반에서 도움을 얻어 더 즐겁게 살아가는 것이다.

그러기 위해서는 약간의 훈련이 필요하다. 스포츠, 공부, 다이어트와 마찬가지다. 막상 하기로 결심했다면, 핑계거리가 아무리 많아도 목표에 도달하기 위해서 이제까지 몸에 밴 습관을 바꾸고 시간을 들여 연습해야 한다. 이 책은 그 목표 달성을 도와주는 도구다.

그럼 다음 장부터는 구체적으로 어떻게 해야 하는지 하나씩 살펴보겠다.

2장

무엇을 알고
무엇을 모르는가
—
무지의 지

■

생각하기를 통해 얻을 수 있는 이점에 대해 알아봤으니 이제 '생각하기에 대해 깨닫는 일'부터 시작해볼까 한다. '각성편'에 해당하는 이번 장이 사실 실천하기에는 가장 어려운 내용을 다루고 있다고 볼 수 있다.

01

'나는 모른다'를 아는 것

생각은 전적으로 자주적인 행위라서 '생각하는 사람'과 '생각하지 않는 사람'의 차이는 '평소 생각하는 자세가 몸에 배어 있는가?'에서 나오기 때문이다.

다시 말해 사고력을 갖추었느냐에 달려 있다. 그래서 꼭 알아야 할 키워드가 '무지(無知)의 지(知)'다.

철학의 아버지라고 부르는 소크라테스의 사고법은 '무지의 지'를 기본으로 하고 있다. 글자 그대로 '무지인 상태를 아는 것'이 중요하다는 뜻이다. '자신이 얼마나 무지한지 깨달아야 한다'라는 가르침이자 나아가 '모르는 상태'보다 '자신이 모른다는 사실을 모르는 상태'가 더 나쁘다는 의미를 내포하고 있다.

'나는 얼마만큼 무지한지를 아는 자세'는 세상사를 자신의 머리로 생각하기 위한 진정한 의미의 첫걸음이다. 앞으로 이어질 많은 이야기의 기본 중의 기본이 되므로, 아무리 강조해도 지나치지 않다.

'자신이 모른다는 사실을 아는 사람'은 안이하게 자신이 옳다고 주장하지 않고, 상대방의 주장도 존중한다. 또 미지의 세계에 대한 호기심이 왕성하며, 과거의 영광에 집착하지 않고 미래를 향해 성실하게 나아가며 변화를 두려워하지 않는다. 타당한 이유 없이 새로운 것을 맹신하지 않는 대신 처음부터 부정하지도 않는다.

'벼는 익을수록 고개를 숙인다'라는 속담은 지(知)의 세계에서도 완벽하게 맞아떨어진다. 상대방의 관점에서 생각하고 항상 목적을 의식해야 한다. 다 아는 이야기를 들어도 정말 잘 알고 있는 사람일수록 아는 이야기라고 거만하게 굴지 않고, 오히려 "맞아요, 그런데 실천하기가 쉽지 않아요"

〈도표 2-1〉 '무지의 지' 자각하기	
모른다는 것을 모른다	**모른다는 것을 안다**
• 자신이 모든 것을 알고 있다고 생각한다. • 자각하지 못한다. • 오만하다(상대방이 자신에게 맞춰야 한다고 생각함).	• 자신이 아무것도 모른다고 생각한다. • 자각하고 있다. • 겸손하다(자신을 상대방에게 맞추려고 노력함).
↓	↓
알면 알수록 똑똑해진다고 착각한다.	**알면 알수록 모르게 된다.**

하고 먼저 상대방의 말에 공감을 표현한다.

예를 들어 뭔가를 배울 때도 '기본이 중요하다'라는 너무도 당연한 소리를 듣더라도 지(知)가 뛰어난 사람일수록 "맞아요, 그런데 그렇게 하기가 쉽지 않네요"라고 답한다. 반면 어중간하게 아는 사람은 "그런 건 이미 알고 있으니, 잘할 수 있는 기술을 알려주세요"라고 말한다. 이것이 바로 '무지의 지'의 실제 사례다.

이 책에서 '무지의 지'는 앞으로도 여러 번 언급할 것이다.

이것만 매일 의식하고 있어도 우리 삶에 큰 변화가 생길 수 있다.

'깨달음'부터 생각하기를 시작한다

직장 동료들의 대화

A : 요즘 『나쁜 상사를 고치는 약』이라는 책이 인기래.

B : 맞아. 정말이지 우리 팀 C과장에게 읽어보라고 하고 싶었는데…….

A : 그런데?

B : 그전에 C과장이 이렇게 얘기하는 거 아니겠어? "요즘 『나쁜 상사를 고치는 약』이라는 책이 인기라더군. 어느 회사나 다 문제 있는 사람이 있지. D부장도 읽어봤으면 좋겠어"라고. 정말 어이가 없었다니까.

'무지의 지'를 쉬운 말로 표현하면 '깨달음'이라고 할 수 있다. 문제를 깨닫는 것, 무엇이 나쁜지, 무엇을 할 수 없는

지를 깨닫는 것이다.

가령 논리적이지 않은 사람의 가장 큰 문제점은 자신이 논리적이지 않다는 사실을 깨닫지 못하는 것이다. 일을 효율적으로 하지 못하는 사람의 문제점은 자기가 일하는 방식이 비효율적이라는 점을 깨닫지 못하는 것이다.

형식적이고 비능률적으로 일하는 사람의 문제점은, 계속 그렇게 일하면 그 방식이 아무 의미 없이 형식적이고 규칙만 내세워 비능률적이라는 사실조차 인지하지 못한다는 것이다. 비효율적인 회의가 많은 회사의 최대 과제는 사원 대부분이 회의가 비효율적이라는 사실을 모른다는 것이다.

취해서 운전을 못하겠다고 생각하는 사람과 아직 취하지 않아서 운전할 수 있다고 말하는 사람 중 어느 쪽이 더 현명한 걸까?

세상의 변화를 이끄는 사람들은 상식에 얽매이지 말고, 고정관념을 깨뜨리라는 말을 자주 한다. 당연히 그 개혁자들에게 평범한 사람들은 상식에 얽매이거나 고정관념에 사로잡힌 듯 보일 것이다. 하지만 개혁자가 그 사실을 말해준다고 해서 그 말을 듣고 생각을 바꾸는 일은 거의 없다고 볼 수 있다. 상식과 고정관념에 사로잡힌 사람이 그렇게 된 가장 중대하고 근본적인 원인은 '본인이 그러한 관념에 사로잡혀 있다는 사실을 깨닫지 못하는 것'이기 때문이다.

고정관념에 사로잡힌 상태는 외부에서 봐야 인지할 수 있다. 그러니 그 상태를 알 수 있는 사람은 곧 고정관념에 사로잡히지 않은 사람뿐이다(도표 2-2 참고).

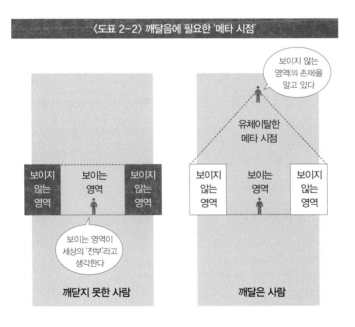

〈도표 2-2〉 깨달음에 필요한 '메타 시점'

메타 시점을 이해하고 있는가?

〈도표 2-2〉와 같이 자신을 외부에서 객관적으로 보는 태도를 '메타 시점'이라고 한다. 우리는 메타 시점을 통해 '무지의 지'를 인식할 수 있다.

일단은 이 구도를 이해하여 '기존 관념에 얽매여 있는 자신의 상태를 깨닫지 못하는 자신'을 알아야 한다. 그러기 위해서 무엇을 해야 할지는 이후 연습문제와 함께 설명할 예정이다.

새로운 개혁이나 변화에 저항을 보이는 사람은 개혁을 외치는 측의 시점에서 보면 '저항 세력'이다. 개혁자들의 입장에서는 '이 세상은 저항 세력으로 가득하다'라고 하겠지만, 자기 자신이 저항 세력이라고 생각하는지 물어보면 그렇다고 답하는 사람은 거의 없을 것이다. 자신의 상태를 깨닫지 못하고 무엇이 잘못되었느냐고 되묻는 태도가 '저항 세력'이라는 점을 보여주는 것이며, 이런 일은 우리 주변에서 아주 흔하게 일어나고 있다.

자책은 나쁜 것이 아니다

앞에서 살펴본 A와 B의 대화를 떠올려보자. '정말 나쁜 상사'는 절대 '나쁜 상사를 위한 책'을 읽지 않는다. 근본적으로 자각하지 못하기 때문이다.

마찬가지로 '정말 생각하지 않는 사람'은 절대 이 책을 읽지 않을 것이다. 혹시라도 여러분은 '생각하는 데 서툴러서'라는 이유로 이 책을 펼쳤을지 모르지만, 이미 '스스로 생각하기'에 관해서는 상위 수준에 속한다. 따라서 조금만 더 노력하면 상당히 뛰어난 수준까지 이를 수 있다.

이 점을 해결하기 위한 수단 중 하나가 '항상 자책하기'다. 즉 원인은 언제나 자신에게 있다고 생각해야 한다. 깨달음을 얻지 못하는 이유는 원인이 타인이나 환경에 있다고 생각하는 태도와 밀접한 관련이 있다.

사고회로를 움직이는 메커니즘을 사고 정지의 메커니즘과 비교하면 〈도표 2-3〉과 같다. 이 책이 전하고 있는 여러 메시지는 사실 서로 긴밀하게 연결되어 있다.

〈도표 2-3〉 사고회로를 움직이는 키워드 "자책"

사고 정지의 메커니즘	↔	사고회로의 메커니즘

모른다는 걸 모른다. (나는 무엇이든 알고 있다)	모른다는 것을 안다. (나는 아무것도 모른다)
↓	↓
다른 사람을 탓한다. (그러므로 타인과 환경이 나쁘다)	스스로를 탓한다. (그러므로 내가 배워야 한다)
↓	↓
생각이 멈춘다. (그러므로 내가 생각할 필요는 없다)	생각이 새롭게 흐른다. (그러므로 어떻게 할지 생각해보자)

'나' 말고 모든 걸 의심한
데카르트처럼

앞에서 언급한 '모른다는 것을 안다'가 생각하기에 있어서 '헌법의 전문(기본의 대전제가 되므로 생각하기의 모든 원점이 되는 것)'과도 같다면, 제1조는 바로 '의심하기'다. 즉 '스스로 생각하기'는 보고 들은 바를 그대로 받아들이지 않고, 의심하고 반드시 스스로 검증하며 타인과는 다른 자기만의 견해를 이끌어내는 태도를 말한다.

'모른다는 것을 아는 것'이 사고의 근본이라고 말한 사람은 철학의 아버지 소크라테스였다. 그리고 '제1조'로 유명한 사람은 생각하기와 밀접한 관련이 있는 2대 학문, 철학과 수

학 분야에서 큰 업적을 남긴 프랑스의 르네 데카르트다. 기하학의 기초를 다진 수학자로서도 매우 유명하지만, 그가 남긴 철학계의 업적이 이런 '방법적 회의'의 침투다. 그는 다양한 것을 의심했는데, 마지막에 남은 '의심할 여지가 없는 것'이 바로 의심하고 있는 자기 자신의 존재였다. 그래서 그 유명한 명언이 탄생했다.

'나는 생각한다, 고로 나는 존재한다.'

이 역시 극단적으로 의심하는 방법이지만, 생각하기의 밑바탕에는 의심하기가 있다는 사실을 단적으로 나타낸다고 볼 수 있다.

04

쉽게 얻는 정보일수록
더 의심하라

그럼 왜 의심하는 태도가 중요할까? 그 이유는 '스스로 생각하기'의 정반대 선상에 있는 것이 '무턱대고 타인의 의견에 따르기'이기 때문이다.

스스로 생각하기는 타인과 다른 자기 나름의 견해를 내는 것이므로, 당연하게 보이는 주변의 사실과 현상에 대해 의문을 제시하고 실제로는 어떤지 나만의 견해를 이끌어내기 위해서는 모든 것을 의심하는 태도부터 가져야 한다.

21세기, 더더욱 의심하고 검증해야 할 때

17세기를 살았던 데카르트에 비해, 21세기를 살아가는 우리에게 의심하기의 중요성은 훨씬 더 커졌다. 최근 인터넷이나 AI의 비약적인 발달로 단순 지식은 쉽게 손에 넣을 수 있게 되었다.

검색하면 무엇이든 알 수 있게 됐지만, 그 정보를 누가 무슨 근거로 말했는지는 쉽게 검증할 수 없다. 따라서 손에 넣은 정보가 진짜인지 아닌지, 먼저 스스로 확실하게 검증하는 자세가 중요하게 되었다.

그러면 왜 세상에는 '쉽게 믿어서는 안 되는 정보'가 범람하고 있을까? 물론 인터넷상에는 악의를 품고 사람들을 혼란에 빠뜨리려고 하는 이도 있지만, 그런 경우는 어디까지나 극소수에 해당한다. 오히려 문제는 말하는 사람이 악의를 품지 않고 말하는 경우와 세상 사람들이 잘못된 정보를 옳다고 믿는 점이다.

모든 것을 의심해야 하는 이유

왜 악의 없이 말하는 경우까지 포함하여 모든 것을 의심 해야 할까? 크게 두 가지 이유를 들 수 있다.

첫째, 옳고 그르다는 의견은 대부분 절대적인 것이 아니 라 '상황에 따른' 것이므로 모든 것을 의심해야 한다. 그런 데 우리 인간은 다른 모든 사람이 처한 상황이 자신과 똑같 다는 전제하에 쉽게 이야기한다. 자신이 성공한 방법은 모든 사람에게 효과적이라고 믿는 '틀린' 견해가 이 세상에 만연 해 있다.

사실 본인과 관계자에게 '옳은 방법'도 상황이 바뀌면 '틀 린 방법'으로 바뀔 수 있다. 여기서도 문제는 그런 주장을 하 는 사람은 자신이 부분밖에 보지 못하고 있다는 사실을 모 르는 '무지의 무지'(무지의 지와 반대로, 모른다는 점을 자각하지 못하는 상태)에 빠져 있는 점이다.

무지의 무지에 빠지는 주 원인은 대다수의 사람들이 믿고 있는 상식과 규칙은 환경의 변화에 따라 낡은 관념이 되기 때문이다. 그러나 대다수가 옳다고 믿어버린 상식, 어릴 적부터 몸에 밴 가치관, 한번 익힌 일의 방식은 쉽게 바뀌지 않는다. 그래서 앞에서 설명한 일이 끊이지 않는 것이다.

둘째, 나 자신이 고정관념에 사로잡혀 있을 수 있으므로 의식적으로라도 모든 것을 의심해야 한다. 이른바 다른 대안은 생각하지 않고 하나의 생각만 고집하는 머리가 굳은 사람들의 특징으로, 자신이 믿는 가치관을 의심하지 않는 경향이 있다. 그런 가치관이 삶의 '신념'으로서 중요하게 작용할 때도 많지만, 유연한 사고를 저해하는 온갖 악의 근원이 될 수도 있다. 자기 자신의 가치관을 의심하는 태도는 고정관념에서 벗어나는 계기가 된다.

몰랐던 '자기모순'을 발견하다

"네 것은 내 것, 내 것도 내 것이지!"

만화 《도라에몽》에 나오는 퉁퉁이(주인공 노진구의 친구로, 일본 원작의 이름은 고다 다케시-옮긴이)의 명대사다. 이 말은 인간 심리의 본질을 정확히 꿰뚫고 있다. 또한 그래서 우리가 '자신의 머리로 스스로 생각하기' 위해서는 무엇이 필요한지도 가르쳐주고 있다.

이 말에서 알 수 있듯이 사람은 '제멋대로' 사는 존재다. 다시 말해 자기 자신이 보는 '자신'과 타인이 보는 '자신'의 모습은 상당히 다르지만, 그러한 사실을 진정으로 깨닫지 못한 채 살아간다.

그러나 우리는 암묵적으로 다른 사람들도 자신과 똑같다고 생각한다. 정확히 말하면 자신이 상대방에 대해 생각하는 바와 똑같이 상대방도 자신을 생각하고 있다는 전제하에 사고하고 판단하는 경향이 있다. 하지만 이것은 크나큰 착각이다. 예를 들어, 일상 속에서 다음과 같은 상황을 마주한 적이 있는지 생각해보자.

- 빌려준 돈은 절대 잊지 않으면서 빌린 돈은 금방 잊어버린다.
- 도움 준 일은 꼬박꼬박 기억해도 도움받은 일은 금세 잊어버린다.
- 자신은 특별하다고 생각하면서 다른 사람은 대충 뭉뚱그려서 일반화한다.("○○ 출신은 ××하지" 혹은 "ㅁㅁ업계 사람들은 △△해"라는 말을 쉽게 내뱉는 사람이 많지만, 정작 본인이 그런 말을 들으면 불쾌할 것이다.)

이뿐만 아니라 "그 사람은 나에 대해 전혀 몰라" 하며 타인을 향해 불만을 드러내면서도 자기 자신이 상대방에 관해 얼마나 모르는지 자각하는 사람은 별로 없다.

혹시 지금 '난 주변 사람들에 대해 잘 알고 있어'라고 생각하는 사람이 있는가? 안타깝지만 그런 생각 자체가 바로 제멋대로인 사람들의 특징이다.

인지 편향을 깨닫고 있는가?

앞서 말한 퉁퉁이의 명언은 인간 심리의 지극히 본질적인 부분을 하나 더 꿰뚫고 있다. 그것은 이 책이 정말 전하고 싶은 바이기도 하다.

퉁퉁이의 말을 들은 사람들은 대부분 '저렇게 제멋대로인 사람이 있지……'라며 주변의 누군가를 떠올리며 퉁퉁이를 비웃음의 대상으로 삼는다. 하지만 제멋대로라며 우리가 비웃는 퉁퉁이는 그런 점을 자각하고 공언하고 있는 만큼 실제로는 우리보다 '한 수 위'라고 할 수 있다.

이때도 '무지의 지'가 중요하다. 한쪽으로 치우친 태도는 많은 사람에게서 볼 수 있으므로, 그 자체가 큰 문제는 아니다. 문제는 바로 '한쪽으로 치우친 사실을 깨닫지 못하는 상태'다.

이러한 심리적 편향을 심리학에서는 인지 편향(Cognitive Bias)이라고 부른다. 그리고 인지 편향은 다양한 자기모순을 깨닫지 못하는 형태로도 나타난다. 바로 '말과 행동이 다른 상태'다.

여기서 '말'은 자신을 중심으로 생각하는 시점이며, '행동'은 형태로 나타난다는 점에서 타인에게 보이는 시점을 뜻한다. 이때 가장 큰 문제 역시 자기모순을 자기 스스로 깨닫기는 매우 힘들다는 점이다.

주변에서 흔히 볼 수 있는 자기모순

우리 주변에서 흔히 볼 수 있는 자기모순의 예에는 어떤 것이 있을까?

- "말보다 행동이 우선이다"라는 말(진심으로 그렇게 생각하는 사람은 이런 말조차 하지 않고 매일 묵묵히 행동으로 보여준다.)

- "저 사람은 남을 비판만 하는 게 문제야"라는 비판(그런 말을 하는 본인이 지금 어떻게 하고 있는지 묻고 싶어진다.)
- "우리 과의 젊은 사원들은 일도 못하면서 남 탓만 해. 그러니 우리 과의 실적이 오를 리가 없지"라는 과장의 불평(여기저기서 정말 많이 들을 수 있는 말이다.)

그 밖에도 이와 비슷한 사례는 얼마든지 있다. 불행하게도 사람은 자기모순을 깨닫지 못한 채 살아간다. 이런 말을 하고 있는 이 책 자체도 어쩌면 저자가 깨닫지 못한 자기모순으로 가득할지도 모른다.

스스로 생각하기의 전제로, 이러한 자기모순을 인지하는 자세는 매우 중요하다. 없애는 것이 아니다. 가령 5장에서 설명하는 '위에서 보기'는 이런 문제를 해결하는 데 효과적인 방법이 될 수 있다.

연습문제 1

※ 다음 발언들이 왜 자기모순에 해당하는지 말해보자.

- '다양성을 인정하지 않는 태도는 결코 옳지 않다'라는 의견
- '타인의 의견에 휘둘리지 말라'라는 충고
- (영업담당자가 고객에게 하는) '경쟁사를 험담하는 회사가 많지만, 그런 회사는 믿지 마세요'라는 조언
- '구체적으로 설명해달라니까 몇 번 말해야 알겠어요?'라는 지적

※ 그 밖에 주변에서 찾아볼 수 있는 자기모순에 대해 말해보자. 먼저 발견하기 쉬운 '타인의 모순'부터 시작하되, 정말 중요한 것은 '자기 안의 자기모순'을 찾는 일이다.

생각의 세 가지 영역

이제 이 책을 이해하기 위해서 꼭 알아야 할 인지의 '세 가지 영역'에 관해 설명하고자 한다. 이 개념을 널리 알린 사람은 미국의 전 국방부장관 도널드 럼즈펠드(Donald Rumsfeld)다.

생각하기의 기본 중의 기본 '무지의 지'를 늘 염두에 두기 위해서도 매우 중요하다. 〈도표 2-4〉는 인지의 세 가지 영역을 간략하게 나타낸 것이다.

럼즈펠드는 우리 주변의 사실과 사건 혹은 사물이나 현상에 대한 태도를 '그것을 아는지 모르는지'로 구분했다. 단

순하게 생각하면 '아는 것'과 '모르는 것', 두 가지로 나뉠 것 같지만, 세 가지로 분류했다는 점에 주목해야 한다. 다시 말해 '모르는 것'을 '모른다는 사실을 알고 있는 것'과 '모른다는 사실조차 모르는 것'으로 나눴다. 그럼 세 가지 영역을 순서대로 살펴보도록 하자.

영역 1_ 안다는 사실을 알고 있는 것

먼저 가장 안쪽에 있는 영역은 이른바 지식, 즉 '아는 것', '안다는 사실을 알고 있는 것'이다. 언어로 말하면 각 단어의 의미가 여기에 해당하며, 학생 때 열심히 외운 역사적 사건이나 세계지리, 원소기호 등도 이 영역에 속한다.

단순하고 단편적인 지식뿐만 아니라 '자동차는 어떻게 움직이는가', '어떻게 하면 요리를 잘할 수 있을까' 같은 노하우도 여기에 해당한다고 할 수 있다. 이 영역이 가장 이해하기 쉬울 것이다.

영역 2_ 모른다는 사실을 알고 있는 것

두 번째 영역은 '모르는 것' 중 하나인 '모른다는 사실을 알고 있는 것'이다. 보통 우리가 모른다고 말할 때는 이런 의미인 경우가 대부분이다. 가령 자신의 전문 분야 이외의 것에 대해 잘 모를 때나 뉴스 등을 잘 모를 때가 이에 해당한다.

모르는 것을 조사할 때 우리는 인터넷으로 검색하거나 잘 아는 사람에게 물어본다. 이런 '지식을 얻는' 행위로 두 번째 영역을 첫 번째 영역으로 바꿀 수 있다.

영역 3_ 모른다는 사실조차 모르는 것

생각하기를 실천하기 위해 가장 중요한 인지의 영역은 그림에서 가장 바깥쪽에 있는, '모른다는 사실조차 모르는 것', '미지의 미지' 영역이다.

'모른다는 것을 아는 것'을 실천하기 위해서는 자신이 모른다는 사실조차 모르거나 깨닫지 못하고 있다는 사실조차 못 깨닫는 방대한 영역이 존재한다는 점을 의식해야 한다. 생각하기는 세 번째 영역을 두 번째 영역으로 바꾸는 과정을 말한다.

사람은 무심결에 세 번째 영역을 잊기 쉽다. 그러면 자신이 전혀 생각해본 적 없던 것과 이해할 수 없는 것을 경험했을 때, 그것을 부정한다. 이른바 '머리가 굳은 사람'이다. 이런 경향은 지식이 없는 무지한 사람보다 오히려 지식이 많은 전문가에게서 더 쉽게 볼 수 있다. 여기서도 지식과 사고가 서로 모순되게 작용한다는 점을 알 수 있다.

방금 소개한 세 가지 영역을 우리가 매일 경험하고 있는 문제 해결과 연결 지어 생각해보자. 우리의 일상은 문제 해결의 연속이다. 어떤 옷을 얼마에 살지 생각한 후 의사결정을 하는 것도, 친구나 동료의 오해를 푸는 것도 문제 해결의 일종이다. 일적으로는 판매 실적을 올리거나 고객의 만족도를 높이려면 어떻게 해야 하는지 생각하고 적절한 대책을 세워 시행하는 것도 문제 해결에 속한다.

우리 주변에서 일어나는 다양한 현상들을 '문제가 있는가?', '해답이 있는가?'라는 두 가지 관점에서 각 영역에 맞게 '예스/노'로 답하면 〈도표 2-5〉와 같이 정리된다.

지식에 해당하는 첫 번째 영역은 문제와 해답이 있는 영역이며, 두 번째 영역의 모른다는 사실을 알고 있는 영역은 문제는 있으나 해답이 없는 영역이다. 세 번째의 모른다는 사실조차 모르는 영역은 문제조차 보이지 않는 영역에 속한다.

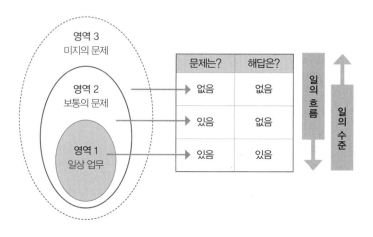

〈도표 2-5〉 인지의 세 가지 영역과 일상의 연결

영역 3
미지의 문제

영역 2
보통의 문제

영역 1
일상 업무

문제는?	해답은?
없음	없음
있음	없음
있음	있음

일의 흐름

일의 수준

문제를 해결하려면 먼저 문제를 발견하고 정의한 다음, 그 문제를 해결하여 지식으로 바꾸는 과정을 거쳐야 한다. 그러므로 '영역 3→영역 2'의 흐름이 문제 발견이며, '영역 2→영역 1'의 흐름이 좁은 의미로 문제 해결의 과정이 된다.

AI의 발전 동향, 가령 세계 최고의 바둑 기사를 상대로 승리한 알파고의 사례를 보면, 이전에는 첫 번째 영역을 착실하게 수행하는 것이 목적이었던 기계가 두 번째 영역까지 꽤 도달했다는 사실을 알 수 있다.

그래서 우리 인간이 해야 할 일은 영역 3을 영역 2로 바꾸는 것, 즉 문제 발견이다. 이 부분이 바로 이 책의 테마인 생각하기의 주 활동 분야다.

'나만이 할 수 있는 일'이 중요한 현재 상황에서 중요한 무기는 바로 지식의 양이 아니라 스스로 생각하는 사고력이다.

생각의 단계로
'상류'와 '하류'가 있다

앞에서 '무지의 무지'의 주된 원인이 '부분을 전체라고 착각하는 상태'라고 했다. 자신이 그런 상태인지 아닌지를 깨닫기 위해 알아야 할 매우 중요한 개념이 바로 '상류와 하류'다. 세상에서 말하는 경험담과 이야기는 부분적이고 개인적인 지식과 시점에 기인한다. 그럼에도 많은 사람이 그 사실을 깨닫지 못하는 이유는 대부분 각자 보는 곳이 다르기 때문이다. 강을 볼 때 상류를 보는 사람과 하류를 보는 사람이 있는 것처럼 말이다.

상류와 하류란 무엇일까?

먼저 정의부터 살펴보자. '상류'와 '하류'는 글자 그대로 강의 흐름을 떠올려보면 가장 이해하기 쉽다. 강은 산속에 있는 수원(水源)에서 시작하여 최종적으로는 바다로 흐른다. 상류에서 하류로 흘러가는 그 과정에서 강의 성질이 바뀐다. 〈도표 2-6〉은 상류와 하류의 차이를 정리한 것이다.

〈도표 2-6〉 상류와 하류의 특징

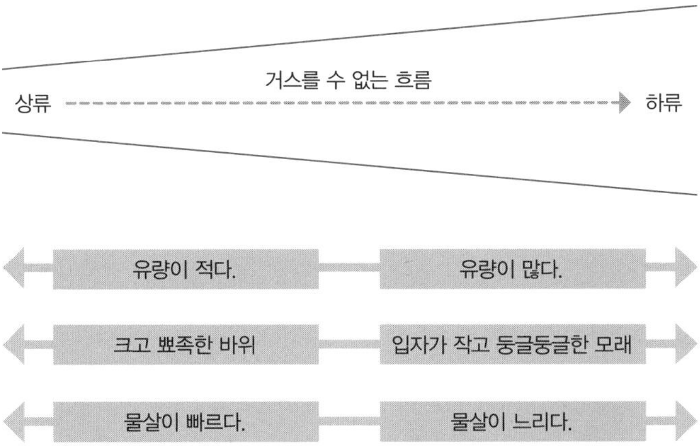

거스를 수 없는 흐름

상류 --→ 하류

유량이 적다.	유량이 많다.
크고 뾰족한 바위	입자가 작고 둥글둥글한 모래
물살이 빠르다.	물살이 느리다.

상류에서 하류로 한쪽 방향으로 흘러가는 강의 성질이 자연계에서 뒤집어지는 일은 거의 없다. 그 특징으로는 크게 네 가지가 있다.

1. 흐름은 거스를 수 없다.
2. 물의 양은 하류 쪽으로 갈수록 늘어난다.
3. 강 상류의 뾰족하고 큰 바위가 하류로 갈수록 입자가 작고 둥글둥글한 모래가 된다.
4. 강 상류의 빠른 물살이 하류로 갈수록 느려진다.

'상류와 하류'를 현실에 적용해보면?

상류에서 하류로 내려가는 구도는 우리의 일상생활이나 직장 생활 등 다양한 상황에서도 동일하게 나타난다(도표 2-7 참고).

하나의 일이 '큰 구상을 세우는 상류 단계'에서 '구체화된 형태가 되어 실행되어 나가는 하류 단계' 흘러가는 것은 어

상류

하류

불확실성이 높다.	불확실성이 낮다.
혼돈	질서
경계가 불명확하다.	경계가 명확하다.
비분업	분업
추상성이 강하다.	추상성이 약하다.
축적이 없다.	축적이 있다.
질을 중시한다.	양을 중시한다.
통일된 지표가 없다.	통일된 지표가 있다.
개인의 능력	표준화된 방식

떤 업종의 어떤 업무라도 마찬가지다. 이처럼 상류와 하류의 특성 변화가 상위에서 하위로 진행되는 모든 일에서 똑같이 일어난다. 구체적인 특성으로 표현하면 다음과 같은 변화가 일어난다.

- 불확실성이 높은 상류 → 어느 정도 성과를 축적해나가는 과정에서 얻은 데이터와 논리로 앞을 내다볼 수 있기 때문에 불확실성이 낮은 하류
- 무엇이 일어날지 몰라 혼돈스러운 상류 → 질서가 잡힌 하류
- 경계가 불명확하여 분업을 할 수 없는 상류 → 경계가 명확하여 분업화하는 것이 효율적인 하류
- 추상성이 강한 '개념'이 중요한 상류 → 실행을 위한 구체성이 중요한 하류
- 축적이 안 된 적은 정보에서 가설을 세우는 능력이 중요한 상류 → 정보나 데이터가 축적된 지식의 양이 중요한 하류
- '하나의 전체상'이라는 형태의 질이 중요한 상류 → 형태를 띤 양(사람, 물건, 돈 등)이 중요한 하류
- 정해진 지표가 없는 상류 → 정해진 지표, 궁극적으로는 시간과

돈과 같이 누구에게든 객관적인 소수의 지표가 지배하는 하류

- 개인의 능력에 의존하는 상류 → 조직적으로 표준화된 방식이 지배하는 하류

이렇게 보면 '상류의 특성을 지닌 세계에서는 이렇게 해야 한다', '하류의 특성을 지닌 세계에서는 이렇게 해야 한다'라는 말은 때때로 맞지 않는다. 사실 상황에 따라 둘 다 적절한데도 어느 한쪽의 일방적인 면만 보기 때문에, 심지어 한쪽 면만 본다는 사실을 깨닫지 못하는 사람은 그것이 맞는지 틀린지 따지기 때문이다. 예를 들어 다음 생각은 맞는 걸까, 틀린 걸까?

- 회의는 적으면 적을수록 좋다. (상류)

- 일에 필요한 것은 '보고, 연락, 상담'이다. (하류)

- 무슨 일이든 수치로 설명하지 못하면 의미가 없다. (하류)

- 주도면밀한 준비가 가장 중요하다. (하류)

상류와 하류는 상황에 따라 해석이 180도로 바뀌기도 하

는데, 지금부터 명확히 설명해보겠다.

사실 '지식과 경험이 아니라 생각하는 힘이 중요하다'라는 이 책의 대전제도 어차피 특정 부분을 전제한 것이다. 상류와 하류의 개념을 이해하고 일상에서도 그 시점을 견지하는 자세는 매우 중요하다. 생각하기를 위한 힌트가 될 뿐만 아니라 일상과 업무 혹은 사회의 움직임이 유기적으로 보이는 등 큰 도움이 된다. 더욱이 1장에서 말한 대로 앞을 내다볼 수 있게 되므로, 꼭 활용해보기를 바란다.

이 책의 주장과 관련하여 꼭 알아야 할 점은 상류로 올라갈수록 생각하는 자세가 중요해지고, 이 책에서 대조적으로 언급하고 있는 지식은 하류 쪽에서 중요한 요소라는 사실이다. 이제까지 우리 사회에서는 특히 하류 쪽의 가치관이 지배적이었기 때문에, 생각을 상류 쪽으로 옮기기 위해서는 그림 10에서 설명한 다양한 가치관을 뒤집어볼 필요가 있다.

※ 주변에서 일어나는 일의 "상류와 하류" 관계를 떠올리면서 그 특성과 상황에 필요한 스킬이 실제로 이 책에서 언급한 것처럼 변하는지 아닌지 확인해보자.

- 이벤트를 구상하고 실행하기까지의 과정
- 건축물을 구상하고 준공하기까지의 과정
- 회사의 성장 과정(벤처기업에서 시작하여 대기업이 되는 과정)
- 사람의 일생(아이가 노인이 되기까지의 삶)

3장

지식 중심에서
사고 중심 사회로

—

생각 전환 요령

■

사람은 성장할수록 지식과 상식을 익히게 되지만, 무슨 일이든 좋은 면과 나쁜 면이 있는 법이다. 지식과 상식은 인간 사회에서 살아가기 위해 필요한 다양한 정보를 제공해주는 반면, 한번 각인된 관념은 좋든 싫든 그것을 지속하기 위해 새로운 정보에 대한 대응력을 떨어뜨린다. 이 점이 사고의 세계에서는 마이너스로 작용한다. '모르는 것을 안다는 것'에 이어 이번 장의 테마는 '발상의 전환'이다.

01

하나의 사물도 다르게 본다

사고의 세계와 지식의 세계는 애초에 '기어의 방향'부터 다르다. 비유하자면 앞으로 달리는 사람과 뒤로 달리는 사람의 차이라고 말할 수 있다. 가치관이나 기본적인 자세가 완전히 반대 방향으로 작용한다. 다만 자동차와 달리 이런 작용은 머릿속에서 일어나기 때문에 눈에는 보이지 않아 이해하기 어렵다.

더욱이 '생각하는 사람'은 '생각하지 않는 사람'을 잘 알아보지만, '생각하지 않는 사람'은 '생각하는 사람'을 잘 알아보지 못한다. 마치 '매직미러'의 관계와 같다.

만약 당신이 지금 '보이지 않는 쪽'에 있다면, '보이는 쪽'으로 변하도록 유도하는 것이 이 책의 목적이다. 보이지 않는 것을 가능한 한 보이게 하는 실마리를 이 책에서 얻을 수 있기를 바란다. 그 연습으로서 '발상의 전환(리셋)'에 도전해 보자.

우리 사회의 주류는 "생각하지 않기"다

애초에 생각하는 사람과 생각하지 않는 사람은 기본적인 가치관과 자세가 다르다. 그 점을 이해하지 못하고 연습하면 효과가 없다. 그뿐만 아니라 어설프게 발상의 전환을 시도했다가 자칫 안 하느니만 못한 결과를 초래할 수 있다.

지금 이 점을 강조한 이유는 우리 사회에서 대세를 이루는 가치관은 오히려 '생각하지 않기'를 조장하는 쪽에 가깝기 때문이다. 교육의 장이든 비즈니스 현장이든 생각하기보다 생각하지 않는 쪽의 가치관이 지배하고 있으며, 어쩌면 지금까지 지속된 사람들의 가치관을 정면에서 부정하는 자세가 필요할지도 모른다.

그러니 지금 설명하는 '가치관의 전환'이 꼭 이루어져야 한다는 점을 명심해야 한다.

스스로 생각하고 있는지 알아보는 체크리스트

먼저 여러분의 사고회로가 어느 쪽을 향하고 있는지, 평소의 행동 패턴에 대한 다음 열 가지 질문에 'YES or NO'로 대답해보자.

사고회로 체크리스트

1. 모르는 것은 뭐든지 인터넷으로 꼼꼼하게 검색한다. (그렇다 / 아니다)

2. 항상 베스트셀러나 인기 상품을 구입한다. (그렇다 / 아니다)

3. '실수를 적게 하는 것'이 프로의 절대적 조건이라고 생각한다.
   (그렇다 / 아니다)

4. 윗사람의 의견은 들은 그대로 실행한다. (그렇다 / 아니다)

5. 규율과 관습을 중시한다. (그렇다 / 아니다)

6. 완벽하게 준비할 때까지 행동하지 않는다. (그렇다 / 아니다)

7. 마음대로 해도 된다는 말을 들으면 불안하다. (그렇다 / 아니다)

8. 금전과 숫자에 강하다. (그렇다 / 아니다)

9. 비상식적인 사람은 대하기 힘들다. (그렇다 / 아니다)

10. 협조적인 성격으로 상사나 선배에게 사랑받는다. (그렇다 / 아니다)

어떤 결과가 나왔는가? '그렇다'의 수가 많을수록 타성적으로 생각하는 사고 습관을 가지고 있을 확률이 높다. '그렇다'가 일곱 개 이상이라면, 더더군다나 그렇다.

문제는 오히려 이 세상에서는 이런 문제에 그렇다고 대답하는 사람이 정통파로, '아니다'의 수가 많은 사람은 소수파라서 이단아로 여겨진다는 점이다. 즉 스스로 생각하기는 이세상의 가치관에 반하는 태도라고 할 수 있다. 그럼 이 결과를 바탕으로 사고회로 전환을 위한 힌트를 알아보도록 하자.

지식의 가치관을 버려야 할 때

지식은 이 책의 테마인 '생각하는 힘(사고력)'과 함께 인간의 지적 능력의 한 축을 이룬다고 할 수 있지만, 그것에는 큰 함정이 숨어 있기도 하다. 기본적으로 지적 능력이 뛰어난, 소위 머리가 좋은 사람은 지식과 사고력을 둘 다 갖추고 있는 경우가 많다. 하지만 다른 측면에서 보면, 지식을 중시하는 가치관과 관점은 사고력과 전혀 달라서 정반대로 작용하는 경우도 있다. 즉 지식 중시의 가치관을 고수할수록 사고력, 즉 생각하는 힘은 저해될 수 있다.

우리 사회는 지식 중시라는 20세기의 성공 패턴에 기초한 지식 편중, 획일적인 교육 모델이 지배적이었다. 그리고 그러한 가치관이 오랫동안 지속되어 사회 곳곳에 퍼졌다. 그러나 이런 사고방식은 생각하는 힘을 기르는 데는 모두 장해물이 되어 앞을 가로막고 있다.

여전히 우리 사회에서는 '지식이 풍부한 사람=머리가 좋은 사람'이라는 인식이 강하다. 텔레비전 퀴즈 방송 등에서도 지식이 많은 사람이 머리가 좋은 사람이라는 평을 듣는다. 원래 텔레비전 퀴즈 방송 자체가 정답이 있는 문제로 우열을 가리는 방식이 대부분이다. 대다수의 사람이 그런 방식에 재미를 느끼는 이유는 바로 사회의 일반적인 가치관과 맞아떨어지기 때문이다.

지식의 양으로는 AI를 이길 수 없다

사실 지식의 양을 묻는 문제라면 이미 진작 AI과 승패가 갈렸다. IBM사가 개발한 인공지능 컴퓨터 왓슨(Watson)은 2011년 2월 16일 미국 퀴즈쇼 〈제퍼디!(Jeopardy!)〉에 출연

해 퀴즈의 달인들을 상대로 승리를 거뒀다.

잠시만 생각해봐도 알 수 있겠지만, 지식의 양을 묻는 문제라면 세상의 모든 최신 정보를 알고 있는 컴퓨터를 이길 수 없는 것은 당연하다. 물론 이미 AI과 승부가 난 바둑이나 장기도 인간끼리의 대전은 의미가 있으므로 그 자체를 부정하는 것은 아니다.

하지만 바둑, 장기, 퀴즈쇼와 같이 어디까지나 인간끼리 대결하는 게임성 있는 경쟁은 논외로 하더라도 비즈니스처럼 무조건 최선의 해결책을 찾아야 하는 경우에는 기계의 힘을 빌리는 편이 낫다는 사실은 자명하다.

사고력의 세계에서는 무지가 강점이 된다

지식과 사고의 세계를 비교하면, 〈도표 3-1〉과 같이 정리할 수 있다. 도표에 나오는 항목은 이 책이 전하고자 하는 또 다른 메시지와도 겹치는 부분이 많다. 지식이 기본적으로 과거의 일이라면, 그에 비해 사고는 앞으로 어떻게 될지에 관

〈도표 3-1〉 지식력과 사고력의 가치관 비교

지식력(知識力)	사고력(思考力)
• 이미 아는 것·과거 중시	• 미지의 것·미래 중시
• 정답이 있다.	• 정답이 없다.
• 프로세스가 하나다.	• 프로세스가 다양하다.
• 시간이 걸리지 않지만 유한하다.	• 시간이 걸리지만 무한하다.
• 답변이 중요하다.	• 질문이 중요하다.
• 전문가가 유리하다.	• 초보자가 유리하다.
• 개별로 나누는 것이 중요하다.	• 종합하여 다루는 것이 중요하다.

한 미래의 일이다. 모르는 영역에 관해 생각을 펼쳐나가는 경우가 압도적으로 많다.

과거의 일은 대개 이미 정해져 있으므로, 지식의 세계에서는 정답도 방식도 하나다. 그러나 사고력의 세계는 답도 방식도 하나로 한정할 수 없으며, 사실 맞는지 틀린지에 관한 개념부터 명확하지 않다. 지식의 세계에서는 아는 것이 강점이지만, 사고력의 세계에서는 모르는 것이 강점이 될 수 있다.

뭔가에 대해 알고 있는 상태는 새로운 것을 배우거나 생각해낼 때 방해가 될 수 있다. 지금까지 여러 번 말한 바와 같이 사람은 아는 정보를 기초로 하여 생각할 수밖에 없으므로, 아무리 애쓰더라도 편향성을 띠게 되기 때문이다. 사고할 때 가장 극복하기 어려운 편향은 자신이 이미 알고 있는 정보에 대한 편향이다.

03

'상식의 바다'에서
빠져나오는 법

지식 중시의 가치관을 뒤집는 일은 예상보다 훨씬 번거롭다. 무슨 일이든 초보자(학습에 관해서는 아동이나 학생을 포함하여)가 기초를 튼튼히 할 때 필요한 것은 정석이나 형식이라는 정형적인 패턴(=지식)의 습득이므로, 일단은 어느 정도 그 분야의 기초를 쌓아야 한다.

그러나 어느 정도 기본적인 지식을 익혔다면, 그것에 얽매이지 않고 지식을 재구성하여 새로운 것을 창조해내는 일(=스스로 생각하기)이 중요하다. 그때는 기존의 가치관과 반대로 기어를 역방향에 넣고 달리기 시작해야 한다.

상식의 바다에 가라앉느냐 뛰어올라 벗어나느냐

이 단계에서 기존의 지식 중시의 가치관에 최적화된 두 뇌와 마음을 어떻게 바꿀 수 있을지, 어디까지 스스로 생각할 수 있는지가 결정된다. 이것을 모식도로 나타내면 〈도표 3-2〉와 같다. 이 도표는 시계열로 나타냈다.

아무것도 모르는 초보자가 그 나름대로 한 분야의 전문가가 된 후에 다시 새로운 경지를 개척하는 과정을 '상식의 바

〈도표 3-2〉 상식의 바다 속 심해어와 날치

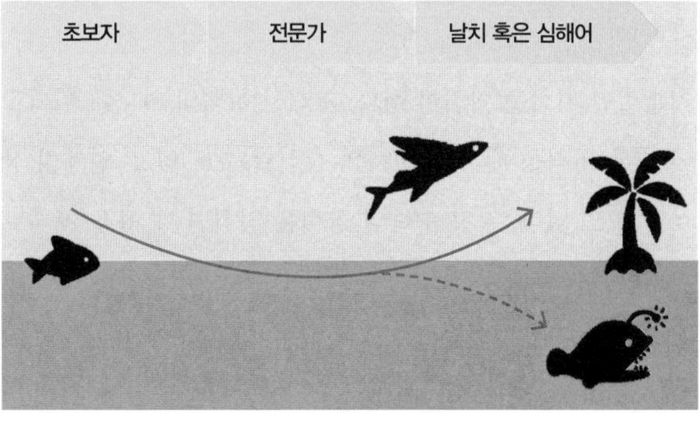

초보자　　　　　전문가　　　　　날치 혹은 심해어

다'를 통해 설명할 수 있다.

상식의 바다는 특정 영역에서 당연시되는, 기존 지식의 집대성을 가리킨다. 아무 지식이 없는 초보자는 먼저 그 바다에 뛰어들어 최저한의 상식을 익히고 그 영역의 전문가가 된다. 그 후의 길은 크게 두 가지로 나뉜다.

기어의 방향(가치관)을 그전과 동일하게 유지한 채 전진하여 지식 세계의 끝까지 가는 길(이것을 '심해어'라고 한다)과 반대 방향으로 기어를 바꾸고 지금까지 얻은 상식을 재구성하여 다시 수면 위로 뛰어올라 '신대륙'을 발견하는 길이다 (이것을 '날치'라고 한다).

회사에 갓 입사한 신입 사원이 베테랑으로 성장하는 과정을 생각하면 이해하기 쉽다. 먼저 어떤 분야든 신입 사원은 기본적인 지식을 익혀야 한다. 그래서 상식의 바다에 뛰어들어 기본 지식을 배운다. 회사의 상식일 수도 있고, 업계의 상식일 수도 있다. 일정 수준의 상식을 익히면 제 몫을 제대로 수행할 수 있는 중견 사원이라고 말할 수 있다.

이후부터 두 가지 유형으로 나뉜다. 상식을 익힌 대가로 새로운 변화에 저항심이 생겨 지금까지 겪은 성공 경험만으로 평생을 살아가는 사람과 지금까지 익힌 상식을 한번 버리는 한이 있어도 그 후의 변화에 대처하려고 노력하는 사람이다.

전통적인 회사에서는 대부분 전자에 속하는 관리직이 회사의 주력이 되어 통상의 업무를 수행하는 오퍼레이터(operator)로서 회사를 움직인다. 그 대신 새로운 변화에 대처하는 이노베이터(innovator)에게는 (본인의 의도와 상관없이 무의식적으로) '저항세력'이 되어 앞을 가로막는다.

상식의 바다에서 더 밑으로 내려간다는 점에서 이런 유형의 사람은 상식의 바다의 '심해어'라고 할 수 있다.

사고회로 리셋으로 비상하다

사고회로를 리셋할 수 있는 사람은 중력을 거슬러 다시 바다 위로 뛰어올라 새로운 세계를 볼 수 있다. 이런 '날개'를 가진 사람은 계속해서 그 흐름을 타고 자유롭게 비상할 수 있다.

기존의 성공 경험만으로 평생을 사는 사람을 '심해어'라면, 사고회로를 리셋하여 비상하는 사람은 '날치'라고 할 수있다. 이미 알고 있겠지만, 이 책에서 추구하는 바는 날치형의 사고회로다. 이런 진화 혹은 퇴화의 구도는 회사에서도나타나며, 인생 전반에 걸쳐 이루어지는 성장 과정에서도 나타난다.

'한창 일할 때'를 맞은 후, 성공 경험에 따라 앞질러 가기에만 온 신경을 집중하는 심해어형 사람이 있는가 하면, 다

〈도표 3-3〉 심해어형 인재와 날치형 인재의 비교

심해어		날치
• 하나의 세계를 깊이 파고든다. • 지식과 경험을 축적한다. • 방향을 바꾸지 않는다. • 암기를 잘한다. • 중력을 거스르지 않는다.	↔	• 다양한 세계로 비상한다. • 때로는 모든 것을 리셋한다. • 방향을 바꾼다. • 잊어버리기를 잘한다. • 때로는 중력을 거스른다.
↓		↓
오퍼레이터형 인재		이노베이터형 인재

시 부상하고자 노력하는 날치형 사람도 있다. 그 열쇠는 지금까지 쌓은 지식과 경험을 잊을 수 있느냐 없느냐, 중력을 거스를 수 있느냐 없느냐에 달려 있다.

이 책에서는 신대륙을 지향하는 이노베이터(날치)를 주요 대상으로 삼고, 스스로 생각하는 힘을 기르기 위한 기어 전환 방법과 그 후 가속을 위한 힌트를 제시하고자 한다.

인터넷에 의존하지 않는다

인터넷은 인간의 지적 능력에 큰 영향을 줬다. 인터넷은 개인이 '많은 정보를 축적하는 행위'의 가치를 거의 없애버렸다고 할 수 있다. 다만 이런 큰 변화에도 여전히 대다수가 '많이 아는 사람=현명한 사람'이라고 생각한다.

정보를 축적하여 양을 늘리는 것은 인간의 지적 능력을 발휘할 영역이 아니라는 사실은 이미 명백하다. 20년 전에는 당연히 지인의 전화번호를 암기해야 했지만, 지금은 단 한 명의 번호도 외울 필요가 없어졌다.

아마 외국어의 암기와 관련해서도 그런 현상이 일어나는

것은 시간문제일 것이다. '정답병'에서 벗어나기 위한 의식 전환의 계기 중 하나가 바로 이 점에 있다.

그다음으로는 인터넷 검색 속도가 빠른 사람의 가치도 금방 사라질 것이다. 검색 엔진이 출시될 무렵에는 편의성이 그다지 좋지 못해서 검색 요령을 잘 아는 사람이 검색을 더 잘했다.

하지만 지금은 검색 엔진도 진화하고 자동화가 이루어 검색 요령이랄 게 없다. 더욱이 항상 몸에 지닐 수 있는 웨어러블 컴퓨터(Wearable Computer)와 AI가 진보한다면, 검색도 훨씬 더 편해져 눈 깜짝할 사이에 필요한 정보를 얻을 수 있을 것이다. 그러니 조만간 검색 달인이라는 말도 사라질 것이다.

인터넷 검색 전에 스스로 생각하기부터

결국 남는 것은 '수집한 정보를 기반으로 하여 스스로 생각하기'다. 이 역시 조금 더 장기적인 관점에서 보면, AI가 대체할 가능성이 있지만 지금은 인간이 우위를 점하고 있는 부분이다.

정답병에서 벗어날 수 있는 방법 중 하나인 스스로 생각하기의 첫걸음은 인터넷 검색 전에 먼저 스스로 생각하는 습관을 들이는 것이다. 생각하는 습관을 몸에 익히는 데 효과적인 방법은 검색 결과를 미리 예상해보고 그다음 어떻게 될지, 가설을 상정해보는 것이다.

상식적이라는 말을 하지 않는다

머리가 굳은 상사와 부하직원의 대화

직원: 왜 거래처 담당자에게 문자메시지로 연락하면 안 됩니까?

상사: 그런 것까지 설명해야 하나? 그런 건 상식이야. 상식. 참나, 자넨
　　　초등학교부터 다시 다녀야겠군.

　상식은 지식형 사고회로를 가진 사람의 가치관으로 보면
가장 중요한 것 중 하나다. 인간이라면 당연히 '상식적'이어
야 한다고 생각한다. 하지만 상식이야말로 우리가 경계해야
할 대상이다.

상사와 부하직원의 대화에서 상사가 '그렇게 하면 안 되는 이유'로 상식을 언급하고 있다. 다른 사람의 행동을 바꾸고 싶을 때 그러면 안 되는 이유를 대며 설득한다. 다만 여기서 말하는 이유에는 조건이 있다.

이유 중에서도 사고 과정을 거치지 않은 이유, 혹은 사고의 세계에서는 이유가 될 수 없는 이유여야 한다. 예를 들면 다음과 같은 말이 있다.

"지금까지 그렇게 해왔으니까……."

"다른 사람들도 다 그렇게 하니까……."

"규칙이 그러니까……."

이 책을 읽는 여러분이라면, 왜 이런 말들이 이유가 될 수 없는지 알 것이다. 이런 말은 모두 스스로 생각한 이유가 아니다. 그냥 '그렇게 정해져 있으니까'라며 남에게 책임을 미루는 소리에 불과하다. 이와 비슷한 말이 있다.

"그게 상식이니까……."

사실 일상에서 별 생각 없이 내뱉는 말이기도 하다. 자신과 의견이 다른 사람이나 이해하기 힘든 행동을 하는 사람에게 비상식적이라고 비난하거나 상식적으로 생각하라고 조언하는 사람을 우리는 쉽게 볼 수 있다. 대체 이 말이 왜 문제일까?

상식이 성립될 땐 타당한 이유가 있다

사실 사람들은 왜 그런지 스스로 설명할 수 없을 때, 상식이라는 말을 일종의 도피처로 삼는 경향이 있다.

어떤 상식이 성립될 때는 반드시 그에 타당한 이유가 존재한다. 그러나 오랜 시간이 흐르면 이유에 대한 의식은 희미해져 그저 '상식을 위한 상식'으로 바뀐다. 가령 어느 가게에서 아침에 팔던 상품 가격의 3배로 저녁 때 판다고 가정해 보자. 대부분의 사람들은 비상식적이라며 화낼 것이다.

하지만 그것이 왜 안 되는지 설명할 수 있는 사람은 얼마나 될까? '원래 가격이란 마음대로 바꿀 수 없다'는 말이 이유가 될 수 있을까? 그렇지 않다면, 대체 가게 주인의 행동은 왜 비난받아야 할까?

실제로 유통기한이 짧은 식품은 하루 동안에도 가격이 종종 바뀌기도 한다. 저녁이 되어 타임 세일이 시작되면서 가격이 떨어지는 일은 오히려 자연스럽게 느껴진다.

'상식의 타파'는 생각보다 어렵다. 정말 상식을 타파할 수 있는 사람만이 쓸 수 있는 말이기 때문이다. 상식에 얽매여 있는 사람의 대부분은 그 상식에 얽매여 있는 자신의 상태 자체를 깨닫지 못한다.

'자신이 상식에 얽매여 있다고 생각하십니까?'라고 물으면, 그렇다고 답하는 사람은 별로 없을 것이다. 자신이 상식에 얽매여 있음을 자각하지 못한 경우에는 다른 접근법이 필요하다. 그중 하나가 '상식은 어차피 특정 시간과 장소에 한정되는 것이다'라는 사실을 역이용하는 방법이다. 예를 들면 '그 상식이 1000년 전(혹은 후)의 아프리카(중동이든 남미든 자신이 익숙한 지역에서 멀리 떨어진 낯선 지역이라면 어느 곳이든)에서도 통용되었을까(혹은 될 수 있을까)?'를 생각해보는 것이다.

아이스커피와 미네랄워터에는 공통점이 있다. 둘 다 특정 국가에서 수십 년 전까지는 '사람들에게 받아들여지지 않는다'라는 '상식'이 존재했지만, 지금은 당연하게 받아들여지고 있다는 점이다.

미국에서는 고작 30년 전까지만 해도 아이스커피를 보기 힘들었다. 하지만 지금은 스타벅스의 인기 메뉴가 되었다. 미네랄워터는 지금은 흔한 상품이 되었지만, 이 역시 30년 전에는 매우 비상식적이라고 여겨졌다.

예전에는 '물과 안전은 공짜'라는 인식이 강했다. 그래서 물과 안전에 돈을 지불할 필요 없다는 게 당연했다. 그런데 지금은 어떤가? 안전을 위해서 돈을 지불하여 주택 보안 시스템을 설치하는 일이 흔해진 것처럼 물 역시 돈을 주고 사는 것이 당연시되었다.

세상의 상식을 깨는 사람은 항상 "초보자"

이렇듯 상식은 절대적이지 않다. 상식의 타파를 방해하는 요소는 지식과 경험이다. 전문가나 현장의 편향적 태도와 관점도 마찬가지다. 전문가와 현장에서 일하는 실무자의 공통점은 '현상에 대해 잘 안다'는 점이다. 그래서 지식이 풍부한 사람을 맹신하는 대다수의 사람들에게 강한 설득력을 발휘한다. 그러니 상식을 깨뜨리는 사람은 언제나 초보자라는 말을 어느 정도 이해할 수 있을 것이다.

하지만 여기서 말하는 초보자는 전문가나 현장 실무자에 비해 지식이 부족할 뿐, 사고력은 보통 사람보다 더 뛰어나다는 점을 알아야 한다. 윗사람에게 경어를 제대로 쓰지 않거나 격식 있는 자리에 반바지 차림으로 나타나는 등 지금은 매우 '비상식적'이라고 여기는 일도 앞서 말했듯이 1000년 전 아프리카의 관점에서 보면, 아주 자질구레한 상식에 지나지 않을지도 모른다.

하물며 'ㅇ월에는 물건이 잘 팔리지 않는다', '어느 지방 사람들은 ××하다'와 같이 특정 업계에서만 통용되는 상식은 금세 무너질 수 있다.

※ 다음에 나오는 상식을 의심해보자.

- 자국민이라면 당연히 '정확한' 모국어를 구사해야 한다.
- 하루는 24시간이며 일주일은 7일이다.

※ "그건 상식이다" 혹은 "그 사람은 상식적(혹은 비상식적)이다"라는
  말을 전혀 쓰지 않도록 노력해보자. 그렇게 말하고 싶을 때는 다
  른 말로 바꿔 "자기 나름의 이유"를 생각해보자.

최근에 만난 비상식적인 사람을 떠올려보고, 그렇게 생각한 이유를 설명해보자.

최근에 언제 상식적(혹은 비상식적)이라는 말을 썼는가? 그 이유는 무엇이었는가?

옳고 그름을 말하지 않는다

해외 지사에서 오래 근무하다 귀국한 K와 본사 동료 L의 대화

K: 그 나라 사람들은 참 이상해. 뭐가 맞는지, 처음부터 하나하나 가르쳐 줘야 해서 피곤해.

L: 어느 쪽이 맞고, 어느 쪽이 틀렸다는 건 없지 않나? 그 나라에는 그 나라만의 사정이 있으니까.

앞에서 말한 '상식이라는 말을 쓰지 않는다'라는 명제에 대해 다른 관점에서 접근해보자. 어떻게 하면 그렇게 생각할 수 있는지, 그에 맞는 사고회로를 움직이기 위해서는 어떻게 해야 하는지 알아보고자 한다. 먼저 '누가 봐도 타당해 보이는' 다음 문장을 살펴보자.

- '1+1=2'이다.
- '知識'은 '지식'이라고 읽는다.
- 공식 행사에 참여하는 남성은 넥타이를 하는 것이 바람직하다.

첫 번째 문장부터 보자. 너무 당연해서 누가 봐도 옳다고 자신만만하게 말하는 사람이 있을지도 모르겠으나, 잠시 고등학교 수학을 떠올려보자. 이 수식은 십진법이라는 전제가 숨어 있다. 이진법이라면 '1+1=10'이 된다. 두 번째 문장 역시 한국어라는 전제가 필요하다. 일본어나 중국어라면 발음이 달라진다. 세 번째 문장 역시 '현대 사회에서는'이라는 전제가 숨어 있다. 수백 년 전이라면 성립되기가 힘들다.

조금 극단적인 사례라고 생각할 수도 있지만, 이런 식으로 생각하면 비즈니스 세계에서 말하는 다음의 '언뜻 타당해 보이는' 의견도 꽤 의심스럽게 여겨진다.

- 아파서 결근한다는 연락을 문자메시지로 해서는 안 된다.

- 시간 엄수는 직장에서든 사생활에서든 지켜야 할 철칙이다.

- 고객의 요구를 들어주는 것이 비즈니스의 기본이다.

- 비즈니스에는 정량적인 지표가 필요하다.

- 회사 생활에서는 사전 교섭이 필요하다.

자신이 옳다고 믿는 가치관과 상식은 지리적·시간적으로 극히 한정된 조건하에서만, 어쩌면 특정 집단에서만 성립될 수도 있다. 그런데도 사람은 그것을 '부분'이 아니라 '전체'라고 착각하기 쉽다. 개인의 경험을 기반으로 하는 성공담은 대부분 이런 함정에 빠져 있다.

옳고 그름을 판단하지 않는다

상식적이냐 여부, 옳으냐 여부를 판단할 때 역시 가장 문제가 되는 것은 자기 잘못을 깨닫지 못하는 '무지의 무지' 상태다. 그런 상태가 구체적으로 형태를 띠면 옳은지 그른지 판단하는 언행으로 나타난다.

특히 비즈니스 세계에서 자주 볼 수 있는 현상이 2장에서 설명한 '상류와 하류의 혼동'이다. 상류 쪽을 중심으로 하는 '이노베이션'의 세계와 하류 쪽을 중심으로 하는 '오퍼레이션'의 세계에서는 가치관과 상식이 거의 정반대라고 할 수 있을 정도로 상당히 다르다. 그런데도 이 중 한쪽만 경험한 사람이 다음과 같은 판단을 내린다.

- 기본적으로 연락 회의나 '보고·연락·상담'은 쓸모없다. (상류의 시점)
- 데이터나 논리를 기반으로 하지 않는 논의는 의미 없다. (하류의 시점)
- 남을 잘 보살피는 상사가 부하 직원을 잘 가르친다. (하류의 시점)

이런 생각들은 시점만 바꾸면 대부분 그 반대도 참이 된다. 비슷한 현상은 세계화를 이룬 나라 간에 서로 다른 문화를 마주할 때도 자주 나타난다. 종교 간 갈등의 근저에 있는 것도 이러한 '나의 세계가 전부'라고 믿는 가치관이다. 이런 가치관은 일종의 사고회로 정지 상태가 낳은 산물이다. 그럼 사려 깊은 사람은 어떨까?

예를 들어 비교해보자(도표 3-4 참고). 먼저 대전제로 정답의 유무가 있다. 지식 중시의 가치관에 물들어 있으면 정답이 있다는 전제에서 옳고 그름을 가리는 관점을 지니기 쉽다. 그에 반해 사고의 세계에는 절대적인 정답도 오답도 없으며 모든 것은 전제 조건에 따라 달라진다.

그래서 서로 의견이 다를 때도 누가 옳은지 몰아붙이기보다는 먼저 양쪽의 전제 조건이 어떻게 다른지 이해하고자 노력한다. '한쪽 말만 듣고 판단하지 마라'라는 말은 꼭 기억

〈도표 3-4〉 옳고 그름을 판단 vs. 다름을 수용

옳고 그름을 판단	다름을 수용
• 지식의 세계를 전제한다. • 전제가 숨어 있다. • 자신의 가치관을 중시한다.	• 사고의 세계를 전제한다. • 모든 것은 전제에 따라 달라진다. • 다양성을 중시한다.
옳고 그름을 판단하는 것은 사고 정지 상태임을 의미한다.	'그때의 상황'에 옳은지 생각한다.

해줘야 할 말이다.

모든 의견은 편향적이다

어떤 갈등상황이 벌어졌을 때, 자신이 제삼자라면 한쪽의 의견만 듣고 상대편의 의견은 듣지 않은 채 어느 한쪽을 편드는 행동은 당연히 위험하다. 마찬가지로 자기 자신이라는 '한쪽'의 의견이나 생각만으로 타인과의 관계를 판단하는 것도 매우 위험한 행동이다.

자신의 의견만이 절대적으로 옳은 경우는 없다. 만약 자신의 생각이 사실이며 옳다고 하더라도 다른 사람과의 의견 차이는 어디서 비롯했는지 생각해보자. 그것만으로도 생각하기의 좋은 훈련이 된다.

연습문제 4

※ 다음은 주변에서 쉽게 들을 수 있는 의견들이다. 각 의견이 어떤
  상황에는 맞고 어떤 상황에는 맞지 않은지, 상류와 하류의 관점
  에서 고찰해보자.

- 의견을 모을 때는 사람이 많을수록 좋다. 그러니 크라우드소싱으로
  전문가의 의견을 최대한 많이 모으는 것이 중요하다.
- 시간과 규정을 지키지 않는 사람은 인간으로서 실격이다.
- 안전한 대책은 위험하다. 리스크를 감수하는 자세가 필요하다.
- 칭찬하며 키워라.
- 이론이 아니라 실천이 중요하다.

※ 그 밖에 인터넷이나 미디어에서 본 의견(특히 무엇이 옳고 그른지 단호하게 가르는 발언)에 대해 어떤 상황에 옳고 어떤 상황에 그른지 생각해보자. 그리고 이런 착각에서 벗어나는 방법에 관해 말해보자.

정답을 바라지 않는다

회사 동료들의 대화

G: 지금 고객에게 어떻게 제안하면 좋을지, 주위 선배들에게 여러 조언을 얻고 있는데, 너무 많은 의견을 듣다 보니 오히려 혼란스러워졌어.

H: 예를 들면?

G: I 선배는 고객에게 어중간한 이야기는 아예 안하는 게 낫다고 하고, J 선배는 얼른 보여주고 의견을 한번 조율한 뒤 수정한 것을 다시 보여주는 것이 좋다고 말하더군.

H: 그렇겠지. 모두 걸어온 길이 다르니까 자신의 경험에 따라 다른 의견을 말하는 것이 당연하지. 이젠 지금의 너에게 뭐가 중요한지 스스로 생각하기만 하면 되겠네.

G: 맞는 말이긴 한데, 정답이 딱 나오지 않으니까 어떻게 해야 할지 잘

모르겠어.

스스로 생각할 때 '세상에는 정답이 없을 때가 훨씬 더 많다'라는 전제 조건을 두어야 한다. '당연하다'라는 소리를 자주 하는 사람도 많지만, '사실 그렇게 생각하지 않는 사람도 많다'라는 생각이 드는 경우도 적지 않다.

앞에서 말한 대로 텔레비전 퀴즈 방송의 문제는 거의 대부분 정답이 있다. 그런 방송이 인기가 낮은 이유 중 하나가 바로 정답이 있어서 득점이 분명하고 순위가 명확하게 나뉘기 때문이다.

출간된 수많은 도서 중에서도 역시 금방 정답을 얻을 수 있는 방법을 알려주는 책이 큰 인기를 얻는다. 문제를 제기하고 생각하는 방법을 알려주고, '이제부터는 독자 여러분이 생각해보세요'라고 말하는 책은 소수다. 게다가 그런 책은 기본적으로 잘 팔리지도 않는다.

강연도 마찬가지다. "내일부터 이 세 가지를 실천해보세요"라는 말로 명쾌하게 정답을 나열하는 강연이 듣는 사람의 마음을 사로잡는다. '이제부터 스스로 생각해보세요'라는 말로 끝나는 방식은 듣는 사람을 만족시키지 못하고, 결국 정답을 얻지 못한 데에 대한 불만만 남긴다.

세상에는 정답을 바라는 사람이 넘쳐난다

일할 때도 마찬가지다. 특히 시험에 익숙한 우등생에게서 이런 경향을 쉽게 볼 수 있는데, 정답이란 분명 어딘가에 있으므로 인터넷이나 상사 혹은 고객에게 직접 물어보면 해결할 수 있다고 생각하는 사람이 많다.

이런 경향은 반드시 경험이 적은 신입 사원에게서만 나타나는 것이 아니다. 경험을 쌓은 베테랑 중에서도 '지금까지 겪어온 성공 경험'을 정답이라고 생각하며 그 답은 수험서에 실린 내용처럼 시간이 지나도 변하지 않는다고 굳게 믿고 있는 사람이 많다.

세상을 뒷부분에 모범답안이 나와 있는 학습 참고서나 뒷장에 답이 있는 일문일답 형식의 퀴즈 책과 같다고 생각하면, 실생활에서도 모범답안이 있다고 기대하게 된다. 누군가가 정답을 알려주기를 바라는 사람이 세상에 얼마나 많은지는 서점에 나온 책이나 인터넷 기사 제목을 보면 쉽게 알 수 있다.

'○○을 하고 싶다면, ××하라' 같은 제목은 그야말로 정답을 바라는 독자를 타깃으로 한다. 스스로 생각하고 싶어 하는 사람에게 누군가 '○○하라'라고 말한다면, 그것은 괜한 참견이 될 수 있다. 그러니 이런 제목의 책이나 인터넷 기사가 인기를 얻는 현상은 많은 사람이 스스로 생각하기를 싫어한다는 증거이기도 하다.

스스로 생각하고 싶은 사람이 다른 사람에게 원하는 것은 '의견'이지만, 사고가 정지한 사람이 원하는 것은 '조언'이다. 의견과 조언의 정의부터 살펴보자.

- 의견: 해석은 사람에 따라 달라질 수 있으므로, 본인이 어떻게 할지는 스스로 생각해야 한다는 입장에서 말하는 것
- 조언: 해석을 포함하여 상대방이 어떻게 해야 하는지 알려주는 것

가령 진로를 선택하는 상황을 가정해보자. 의견은 이런

식이다. "난 이런 장점이 있어서 그 회사를 택했어. 그러니 너도 장점을 살려보면 어떻겠니?" 반면 조언은 이런 식이다. "그 회사는 좋은 회사야. 그러니 너도 거기에 들어가면 어떻겠니?"

의견은 듣되 조언은 의심해보자

이런 자세의 차이는 질문의 차이로 나타난다. 예를 들어 투자에 관해 이야기하는 상황에서 "어느 회사 주식을 사면 좋을까요?"라고 묻는 것은 사고 정지형 질문이다. "어떤 기준으로 선택하면 좋을까요?"라는 물음이 스스로 생각하는 사람이 하는 질문이다.

다시 말해 눈에 보이는 구체적인 말이 조언이고, 눈에 보이지 않는 추상적이며 구체화하기 전의 상태가 의견이다. '의견'은 듣되 '조언'은 의심하는 자세가 이 책이 추구하는 이상적인 모습에 가깝다.

또한 역으로 조언하고 싶어 하는 사람도 사고회로가 정지

되어 있을 가능성이 높다. 상대방의 사정도 모르면서 다른 사람에게 조언하고 싶어 하는 심리의 밑바탕에는 자기 자신이 누구에게든 적용할 수 있는 정답을 알고 있다는 믿음이 깔려 있기 때문이다.

스스로 생각하는 사람은 다른 사람에게도 스스로 생각하기를 권한다. 그래서 남에게 '이렇게 해야 한다'가 아니라 '나는 이렇게 생각하지만, 이후부터는 스스로 생각하라'라는 태도를 보인다. 우리의 마음 깊이 손재하는 '정답병'에서 벗어나기란 쉽지는 않지만, 스스로 생각하기를 하면 정답병에서 해방될 수 있다.

정답이 없다는 말을 바꿔 표현하면 오답도 없다는 뜻이다. 스스로 생각하기 위해 넘어야 할 큰 장벽은 틀리는 것을 두려워하는 자세다. 그럴 때 역시 정답도 오답도 없다고 생각하면 마음이 조금 편해지지 않을까?

연습문제 5

※ 이 세상에 존재하는 성공담에는 모순이 넘친다. 가령 "다른 사람의 의견을 듣지 마라"라는 말과 "존경할 수 있는 멘토를 찾아라"라는 말은 서로 모순된다.
이런 일은 왜 일어날까. 상황에 따라 양쪽 모두 타당할 수는 없는지 생각해보자.

08

전문가의 편향에서 벗어난다

개인이 가지고 있는 심리적 편향이 스스로 생각할 때는 다양한 걸림돌이 될 수 있음은 앞에서도 설명한 바 있다. 하지만 그중에서도 그 분야의 전문가가 공통적으로 가지고 있는 편향은 사고력에 대한 지식력의 차이가 상징적으로 나타난다. 그러므로 평소 편향을 의식하고 있으면 사고 정지 상태를 면하는 데에도 도움이 된다.

예를 들어 초보자와 전문가의 사고회로를 비교해보자(도표 3-5 참고). 지적 활동 면에서는 많은 존경을 받는 전문가라도 사고라는 측면에서는 사고 정지에 빠질 가능성이 높다

전문가	초보자
• 실수를 용납하지 않는다. • 정보를 충분히 모은 후 움직이기 시작한다. • 과거의 지식에 밝다. • 세세하게 분류한다. • 할 수 없는 이유를 찾는다.	• 실수를 두려워하지 않는다. • 바로 움직이기 시작한다. • 아무것도 모른다. • 세세하게 분류하지 않는다. • '할 수 있으면 좋겠다'라고 생각한다.

는 점을 이 표를 보면 알 수 있을 것이다.

전문가는 주위의 기대가 높기 때문에 실수를 용납하지 않는 상황에 놓여 있다. 이 점은 마음 놓고 실수할 수 있는 초보자에 비해 행동력을 제한한다.

경솔하게 행동할 수 없다는 압박감이 '어중간한 말은 차라리 하지 않는 편이 낫다'라는 생각으로 이어지기 때문에, 정보를 충분히 모으고 결론을 내기까지 시간이 걸린다. '사고라는 이름의 행동력'에 관해서만은 전문가라 하더라도 초보자를 뛰어넘기 어렵다.

또한 전문가는 과거의 지식에 밝다. 과거의 문헌, 과거 위인의 이론 등을 설명할 수 있는 사람은 전문가다. 하지만 반대로 자기만의 새로운 생각에 대해 물으면, 기존의 지식에 지나치게 얽매이기 때문에 좀처럼 자신의 생각을 말하기 어려워한다. '○○의 이론에 의하면……'이라는 방식으로 자기 의견을 말하는 듯 보이지만, 사실 누군가의 '권위를 빌리는' 행동일 뿐이다.

세분화된 전문 영역에서 살아가는 것이 전문가의 특성이라서 '○○학회의 권위' 혹은 '××업계의 전문가'라는 말을 빼고 백지 상태에서 생각하기를 힘들어한다.

20점과 80점에서는 사고하는 방식이 다르다

전문가의 편향에 관해 또 다른 측면을 소개하고자 한다. 앞에서 언급한 '상류와 하류'와도 관련이 있다. 〈도표 3-6〉을 보자. 왼쪽은 상류, 오른쪽은 하류를 나타낸다.

도표에서 말하고자 하는 바를 간단히 설명하면, 20점을

30점, 40점으로 올릴 때와 80점을 90점, 100점으로 올릴 때 머리를 쓰는 법은 다르다는 것이다. 20점일 때 머리를 쓰는 법은 '아주 적지만 지금 가진 것을 최대한 활용해보자'라는 낙관적이고 가산적인 사고방식이다. 반면 80점일 때는 비관적이고 감산적인 사고방식이 필요하다.

전문가는 어느 정도 확립된 세계, 즉 전문 영역에서 80점에 해당하는 지식이나 기술의 정밀도를 올릴 때는 절대적인 힘을 발휘한다. 하지만 그때 필요한 것은 '부족한 부분', '남은 과제', '만일의 경우에 있을 리스크', '예외적인 사항'을 찾아내어 깨뜨리는 자세다. 그러기 위해서 위에 나오는 사고회로를 따르는 것은 지극히 이치에 맞지만, 그것은 20점일 때의 사고방식에는 어울리지 않는다.

20점밖에 되지 않을 때 부족한 부분을 이야기하기 시작하면 끝이 없다. 상류에서처럼 충분한 정보와 시간이 없을 때는 전문가의 편향에서 벗어나 생각하는 태도가 중요하다.

이렇게 '20점형'의 일을 할 때는 '80점형'의 일을 할 때와는 다른 발상과 행동 패턴이 요구된다. 20점형과 80점형의 대조된 특징을 한눈에 볼 수 있도록 정리한 것이 〈도표 3-7〉이다.

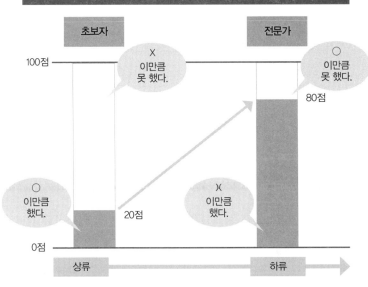

〈도표 3-6〉 상류와 하류의 생각하는 방식 비교

초보자

전문가

100점

X
이만큼
못 했다.

○
이만큼
못 했다.

80점

○
이만큼
했다.

20점

X
이만큼
했다.

0점

상류

하류

〈도표 3-7〉 상류와 하류의 일하는 방식 비교

20점형		80점형
• 먼저 전체상을 대강 그린다. • 몇 번이든 수정할 수 있다. • 자료는 대충 만든다. • 질문을 위한 답변 • '무엇을 모르는가?'를 묻는다.	↔	• 하나씩 착실하게 해나간다. • 수정할 수 없는 최종 답변이 어야 한다. • 자료는 깔끔하게 정리한다. • 답변을 위한 답변 • '무엇을 알고 있는가?'를 묻는다.

'일단 20점을 쌓고, 그 이후에 30, 40점으로 올리는' 상류의 특성을 띤 일에서는 지엽적인 사항은 잘라 버리더라도 먼저 전체상을 그리는 것이 중요하다. 그때 그 전체상은 최후의 정답이 아니라 계속해서 고칠 수 있다는 점을 전제로 하고 있다.

그래서 자료나 노트를 꼭 깔끔하게 정리하지 않아도 괜찮다. 중요한 것은 앞에서 세 가지 영역을 설명할 때 말한 바와 같이 대답보다는 질문하는 방법이다.

여기서는 '무엇을 알고 있는가?'보다 '무엇을 모르는가?'를 물어야 한다. 이처럼 상류와 하류에서는 일에 몰두하는 자세가 180도 다르지만, 양쪽의 특징을 이해하고 때에 맞춰 잘 활용하기란 쉬운 일이 아니다.

그 원인 중 하나가 대부분의 상황에서 '지식형의 가치관(=80점형)'이 '사고형의 가치관(=20점형)'에 비해 더 중시되기 때문이다.

흑백으로 나누지 않는다

관공서 창구에서 이루어진 담당 공무원과 시민의 대화

시민: ㅇㅇ에 관해 물어보고 싶은 게 있어서요

담당 공무원: 아, 그 건은 여기가 아니라 다른 과에서 담당하고 있으니 거기로 가세요.

시민: 하지만 이건 이 부서와도 관련 있는 일인데요.

담당 공무원: 그렇게 말씀하셔도 소용없어요. 저희 쪽 일이 아닙니다.

생각하지 않는 상태를 통해 생각하기란 무엇인지를 유추해보자. 여기서 알 수 있는 반대의 측면은 규칙을 따르는 것이다. 규칙이나 규정을 따르는 것은 조직을 효율적으로 운영하기 위해서는 가장 중요한 원칙 중 하나지만, 이런 규칙, 법률 또는 다양한 규정은 사고 정지의 온상이 될 수 있다.

'규칙이니까', '규정이니까' 등을 이유로 내세우면, 스스로 이유를 생각하지 않게 된다. 규칙이란 다양한 경계에 선을 긋는 것이라고 할 수 있다. 예를 들어 'ㅇ세 이상(이하)의 사람은 ××하면 안 된다', '연소득 △△ 이하인 사람에게 ㅁㅁ을 지급한다'라는 규정을 떠올려보면 쉽게 이해할 수 있다.

문제는 실제 사람이나 생각은 그렇게 깔끔하게 나눌 수 없다는 데 있다. 하지만 규칙을 따르기 위해서는 나눌 수밖에 없다.

가령 성인과 미성년을 나누는 '19세 이상/미만'이라는 분류는 '일정 이상의 분별이 가능한지 아닌지'를 구별하기 위해서 누구든 객관적으로 판단할 수 있는 연령을 기준으로 나눈 것이다. 하지만 실제로는 16세라도 자율적으로 충분히 분별 있게 행동하는 사람이 있는가 하면, 30세가 넘어도 어른답지 못한 사람도 있다.

실제 상태와 규칙 사이의 간극은 항상 이런 모순을 유발할 가능성이 있다. 이를 그림으로 나타낸 것이 〈도표 3-8〉과

〈도표 3-8〉 사고 정지를 유발하는 분배 행위

나눈다	나누지 않는다
• 경계에 명확하게 선을 긋는다. • 흑백논리로 접근한다. • 양자택일식의 사고를 한다.	• 어디에든 선을 긋지 않는다. • 모든 것이 뚜렷하지 않다. • 이항대립식의 사고를 한다.

↕

단순하게 둘로 나눈다.	사고하는 관점을 가지다

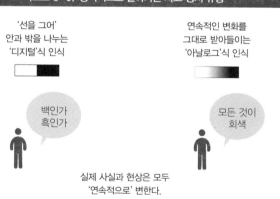

〈도표 3-9〉 형식적으로 살아가는 사고 정지 유형

'선을 그어'
안과 밖을 나누는
'디지털'식 인식

연속적인 변화를
그대로 받아들이는
'아날로그'식 인식

백인가
흑인가

모든 것이
회색

실제 사실과 현상은 모두
'연속적으로' 변한다.

〈도표 3-9〉다.

여기서도 흑백을 가리는 지식의 세계와 모든 것을 회색으로 인식하는 사고의 세계가 등장한다. 사고가 정지한 사람은 모두 틀에 박힌 방식을 따르며 형식적으로 살아간다. "이것은 우리 부서 일이 아닙니다", "18시 이후에는 접수받지 않습니다" 같은 말은 모두 그런 유형에 속한다.

반면 생각하는 사람은 항상 자신이 처한 상황을 '선을 긋지 않고' 파악한 후, 목적과 제약 조건에 맞게 선을 긋는 방법을 생각한다. 이때 정해진 틀이나 직접 기준으로 삼을 만한 본보기는 없다.

연습문제 6

※ 우리 주변에서 일어나는 많은 일 중에서 사실 명확하게 선을 그을 수 없는데 규칙 때문에 선을 그어 모순이 생기는 경우를 생각해보자. 어떻게 하면 이런 모순을 해결할 수 있을까?

현상을 유연하게 파악한다

관공서 창구에서 이루어진 담당 공무원과 학생의 대화

학생: 집전화 번호와 휴대전화 번호 쓰는 칸이 둘 다 잇는데, 휴대전화 번호만 쓰면 안 되나요?

담당자: 음, 그렇게 쓰도록 되어 있어서요.

학생: 하지만 혼자 살아서 집전화가 없는 사람도 많잖아요?

담당자: 그래도 그 양식은 예전부터 쓰던 거니까요.

생각하기는 동적이다. 정해진 것을 '정적'이라고 한다면, 시간의 흐름을 고려하여 유연하게 사고를 변화시키는 것을 '동적'이라고 할 수 있다.

그러나 인간의 사고회로는 한 번 고정되면 마치 사진처럼 그대로 남겨지기 쉽다. 대다수의 사람은 이처럼 정적으로 주위 상황을 파악하지만, 한 발짝 더 나아가 사고를 하면 상황을 개선할 수 있는 기회를 얻을 수 있다.

나이가 어릴수록 사고가 유연하다?

앞에서 말한 규칙, 관습, 상식은 정적인 사고의 산물이다. 일정 상황 아래 형성된 사고는 정적으로 고정되지만, 우리 주위의 환경은 동적으로 변화하기 때문에 그 사이에 모순이 발생한다. 이러한 사고회로의 차이를 〈도표 3-10〉과 같이 정리할 수 있다.

흔히 말하는 '머리가 굳었다' 혹은 '생각이 유연하다'를 가르는 기준 중 하나가 바로 정적인지 동적인지의 차이다. 일반적으로 나이가 많을수록 머리가 굳어 생각이 완고해진다고 여긴다. 그 말은 어떤 면에서는 맞지만, 그렇지 않은 경우도 많다. 나이 어린 사람이라도 정적으로만 현상을 파악하는

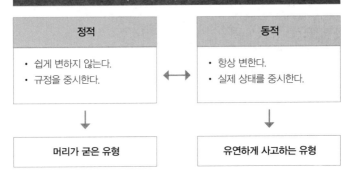

〈도표 3-10〉 유연한 사고

정적	동적
• 쉽게 변하지 않는다. • 규정을 중시한다.	• 항상 변한다. • 실제 상태를 중시한다.
↓	↓
머리가 굳은 유형	유연하게 사고하는 유형

사람도 있고, 나이 많은 사람이라도 유연하게 현상을 파악하는 사람도 있다. 반드시 나이와 사고 유형 사이에 관련성이 있다고 말할 수는 없다.

또한 나이 어린 사람은 옛날의 사고방식에 얽매여 있지 않다고 말한다. 물론 나이가 어릴수록 '옛날'이 가리키는 시대와 현시점의 간극이 작다고 말할 수 있지만, 사실 사고가 정적이라면 시간이 흐를수록 그 간극은 당연히 커진다. 반대로 동적인 사고를 하는 사람은 나이가 들어도 항상 그 사고를 '업데이트'하기 때문에, 시간의 간극으로 인한 생각의 간극을 항상 교정해나간다.

항상 동적으로 생각해야 한다

앞서 나온 대화의 내용처럼 다양한 신청서는 전형적인 간극 발생의 결과물이라고 할 수 있다.

집전화가 주류를 이루던 시대에 만들어져 고정된 서식은 휴대전화가 주류가 된 시대에도 그대로 쓰이고 있어 쓸데없는 모순을 낳고 있다. 5장에서 설명할 예정이나 '왜?'라고 묻는 동적인 사고를 할 수 있는 사람은 전화번호를 남기는 목적이 '필요할 때 연락하기 위해서'라면 휴대전화가 더 편리하며 집전화 번호를 적어두면 오히려 그 목적을 수행하는 데 어려움이 생길지도 모른다는 사실을 알 것이다.

앞에서 나이가 어리다고 해서 반드시 유연하게 사고하는 것은 아니라고 말했다. 가령 10년 후 다시 똑같은 일이 일어나 주요 연락 수단이 더 편리한 기기로 바뀌었을 때, '휴대전화 번호조차 불필요하다'라는 발상을 할 수 있는지 없는지에 따라 유연하게 생각하는 사람인지 아닌지가 결정된다. 상식의 바다를 떠올리면 한결 이해가 쉬울 것이다.

의외로 현재 나이가 어린 사람이 다음 시대를 맞이하면서 보수적으로 변할 가능성도 있다. 역사는 반복되는 법이다. 특히 기술 혁신의 영향을 쉽게 받고 변화가 빨라진 오늘날에는 변화의 속도도 점점 더 빨라져 사회의 기본적인 사고방식과 상식이 근본부터 바뀌는 일도 더 잦아질 것이다. '집전화→무선호출기→피처폰→스마트폰'의 변화를 보면 짐작할 수 있다.

하지만 그런 시대가 오더라도 기존의 방식이나 사고를 고집하지 않고 동적인 사고를 하면, 새로운 변화에 대응할 수 있다. 모든 것은 생각하는 힘을 발휘할 수 있느냐 없느냐에 달려 있다.

연습문제 7

※ 최근 이용해본 신청서를 떠올리며(가능하다면 사본 자료를 꺼내서), 기재해야 하는 항목이 모두 정말 필요한지 생각해보자. 만약 양식을 다시 만든다면, 어떻게 만들지 고민해보자.

※ 다음에 신청서를 이용할 때도 똑같이 생각해보자. 실제로 관공서 등에서 이렇게 행동하면, (불행인지 다행인지 거의 확실하게 불필요한 항목을 찾을 수 있으므로) 문제가 생길 수 있다. 일단은 두뇌 체조라고 생각하자. 실제로 행동할 때는 본인이 책임을 지고 실행할 수 있는 자신이 담당하고 있는 일에서부터 시작해보자.

응용문제

※ 이제 동적인 사고를 위한 응용문제를 풀어보자. 신청서 외에 우리 주변에서 볼 수 있는 특정 대상에 대해서도 그 필요성을 의심해보자. 물리적인 것이든 눈에 보이지 않는 규정 같은 것이든 상관없다. (단, 사람을 대상으로 하면 부작용이 생길 수 있으므로 추천하지 않는다.)

- 대상의 예

넥타이, 신분증명서, 동전, 명함, 회사 규정 등. 일단은 주변에서 볼 수 있는 모든 것을 의심의 눈으로 바라보자.

- 다양한 의식

왜 필요한지 자문자답해보고 대답이 '옛날부터 있었으니까', '모두 따르고 있으니까', '상식이니까' 등의 이유라면, 사실 대부분 바꿀 수 있다.

4장

생각하기를
생각하다

—

사고력 훈련

■

앞 장에서는 사고회로 전환(리셋)의 중요성에 대해 설명했다. 이어서 이번 장에서는 사고회로를 움직여 스스로 생각하기 위해서는 일상에서 어떻게 행동해야하는지 알아본다. 매일 접할 수 있는 예시를 통해 '스스로 생각하기'에 도움이 될 수 있는 힌트를 제공하고자 한다.

나 스스로 '백지'부터
생각을 쌓아 올린다

사고 습관은 행동 습관과 밀접한 관련이 있다. 따라서 평소 별생각 없이 하는 행동을 점검해보면서 스스로 생각하는 습관을 기르는 것이 중요하다. 다음은 회사 동기 사이인 P과장과 Q과장의 대화다.

P: 우리 과에 새로 들어온 신입 사원은 말해주는 일만 해. 알아서 스스로 움직이도록 가르쳐보려고 매일 이런저런 이야기를 해주는데도 말이야.

Q: 그렇게 매일 자네 말을 듣고 움직이더라도 그 역시 스스로 일하는 건 아니잖아?

먼저 분명히 짚고 넘어갈 점은 '생각하는 행위는 순수하게 자발적이며 능동적'이라는 사실이다. 당연하다고 생각할지도 모르지만, 의외로 많은 사람이 이 점을 평소 의식하지 않는다.

하지만 이것은 '지식의 가치관'과 가장 크게 차이나는 점이다. 지식은 수동적인 태도를 취하더라도 익힐 수 있다. 아무리 배울 마음이 없어도 같은 내용을 계속 반복해서 배우면 어느 정도는 익힐 수 있다.

생각하기는 다른 사람이 강제하지 못한다. "이렇게 생각해"라고 명령받아 그대로 따른다고 해도 사실 그 상태를 '생각하고 있다'라고 하기는 어렵다. 따라서 스스로 생각할 수 있도록 가르친다는 말은 사실 완벽한 자기모순이기도 하다.

그런데도 '자주성을 기르자' 같은 이해하기 어려운 말이 세상에 흘러넘치고 있지 않은가? 이 말도 자기모순의 대표라고 할 수 있다. 의외로 '생각하기는 다른 사람이 강제하지 못한다'라는 기본 중의 기본을 모르는 사람이 많다. 4장을 시작하기에 앞서 이 점을 명확히 해두자.

능동적인 세계와 수동적인 세계는 사고방식에서 큰 차이

를 보이며, 요령도 다르다. 능동과 수동을 비교하며 그 차이를 명확하게 익혀두자. 만담에 비유하면 능동은 '보케'(일본 만담에서 바보 역할을 하는 사람-옮긴이)와 같다. 아무것도 없는 상태에서 때때로 비상식적인 아이디어를 낸다. 보케의 멍청한 짓을 지적하는 사람을 '츳코미'라고 한다. 만담은 대개 보케의 말과 행동을 중심으로 진행되는데, 그 과정에서 모순을 지적하고 논평하는 것이 츳코미의 역할이다.

SNS로 말하면, 최초이 게시글은 보케이며 그에 대한 댓글은 츳코미에 해당한다. 스포츠로 말하면, 경기장에서 시합하는 선수는 능동적인 사람, 관람석에서 보는 관객과 평론가는 수동적인 사람이라고 할 수 있다. 일반적으로 이 세상은 소수의 능동파와 다수의 수동파로 이루어진다.

〈도표 4-1〉에서 볼 수 있는 바와 같이 능동적 사고는 아무것도 없는 '공터'나 '백지'에서 구상하고 그림 그리는 것과 같다. 그만큼 다듬어지지 않아 완성도도 낮은 '지적할 것 투성이'지만, 하류 쪽으로 갈수록 완성도가 올라가고 결점도 없어진다.

언뜻 하류 쪽에 있는 사람이 완성도가 높은 만큼 현명해

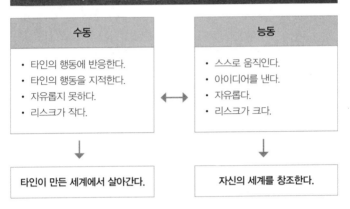

〈도표 4-1〉 수동적 사고와 능동적 사고의 비교

수동		능동
• 타인의 행동에 반응한다. • 타인의 행동을 지적한다. • 자유롭지 못하다. • 리스크가 작다.	↔	• 스스로 움직인다. • 아이디어를 낸다. • 자유롭다. • 리스크가 크다.
↓		↓
타인이 만든 세계에서 살아간다.		자신의 세계를 창조한다.

보이기도 하지만, 사실 그런 사람들은 스스로 생각하지 않는다. 정답이 있는 세상에서 살면서 정답을 알고 있을 뿐이다.

연습문제 8

※ 다음에 나오는 상황에서 "어리석게 보이지만 사실은 능동적인 사람"과 "현명해 보이지만 사실은 수동적인 사람"이 각각 누구이며, 왜 그렇게 생각하는지 이유도 함께 말해보자.

- 뭐든지 '왜'라고 묻는 아이와 황당한 표정으로 아이를 바라보며 "바보 같은 질문은 하지 마"라고 말하는 부모
- 화내는 사람과 화내지 않는 사람 (다양한 상황이 있으므로, 상황을 떠올리면서 생각해보자.)

모든 혁신에는 사고력이 필요하다

앞에서 본 비교를 바탕으로, 같은 일을 계속할 때와 바꾸고자 할 때 중 어느 쪽이 스스로 생각하는 힘을 필요로 할지는 이제 쉽게 추측할 수 있을 것이다. 뭔가를 바꾸는 행동과 바꾸지 않는 행동의 비교는 〈도표 4-2〉에 정리해놓았다.

현재 상태를 유지하거나 뭔가를 바꾸지 않고 그대로 할 때는 이전에 한 본보기가 있어 이유가 필요없다('이전부터 해왔다'가 이유가 된다). 게다가 실행에 옮길 때 큰 리스크를 끌어안을 필요가 없다. 그에 반해 뭔가를 바꾸고자 할 때는 본보기도 없고, 변화의 이유가 필요하다.

또한 큰 리스크를 각오해야 한다. 만약 결과가 실망스럽다면 왜 바꿨냐는 비난을 받을 수 있다. 어떤 무언가와 같은 것은 어느 정도 한정되어 있지만, 다른 것은 셀 수 없을 만큼 많이 존재한다. 이렇게 차이를 살펴보면, 바꾸고자 할 때가 바꾸지 않을 때보다 머리를 훨씬 더 쓴다는 사실을 이해할 수 있다.

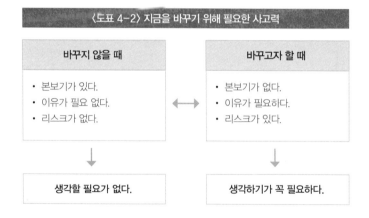

〈도표 4-2〉 지금을 바꾸기 위해 필요한 사고력

바꾸지 않을 때	바꾸고자 할 때
• 본보기가 있다. • 이유가 필요 없다. • 리스크가 없다.	• 본보기가 없다. • 이유가 필요하다. • 리스크가 있다.
생각할 필요가 없다.	생각하기가 꼭 필요하다.

연습문제 9

※ "바꾸기=생각하기"라면, 계속 바뀌지 않는 것은 모두 변화의 대상이 된다는 뜻이다. 여기에서는 수십 년 동안 변함없이 학교에서 쓰고 있는 라인마커를 어떻게 하면 완전히 다른 것으로 바꿀 수 있을지 생각해보자.

- 힌트1
  원래 라인마커를 쓰는 목적이 무엇인가?
  그 목적은 다른 최신 기술을 써서 실현할 수 없는가?

- 힌트2
  예를 들어 힌트1의 목적이 '선 긋기'라면, 나아가 그 목적은 무엇인지 한 단계 더 상위에서 생각해보자.

※ 우리 주변에서 수십 년 동안 변하지 않는(혹은 없어질 것 같은) 것을 찾아보고, 어떻게 하면 바꿀 수 있는지 생각해보자. 가령 병원 진찰실에 가서 한쪽 끝에서부터 모든 것을 관찰하고 최근 새롭게 들여놓은 물건과 예전부터 계속 있었던 물건을 나눠보자. 관찰 장소를 바꿔가며 얼마든지 할 수 있다. (지하철 안의 광고 스타일이나 신문의 레이아웃 등을 관찰할 수도 있다.)

불평만 해서는 답이 없으니 일단 시도해본다

지식과 사고를 비교할 때, 지식의 세계에서는 흑과 백을 나누는 반면 사고의 세계에서는 모든 것이 뚜렷하지 않은 회색과 같다고 말한 바 있다. 이러한 특성을 다른 관점에서 보면, 사고의 세계는 정보가 적든 시간이 없든 지금 가지고 있는 정보와 시간 안에 어떻게든 해보는 것이라고 말할 수 있다.

지금 있는 자원만으로 일단 시도해보는 것은 앞에서 말한 '바로 인터넷에서 검색할 수 없으면 포기하는 것'과는 정반대의 자세다.

다시 말하면, 항상 가설을 가지고 생각한다는 뜻이다. 가설이란 기본적으로 확정되지 않은 것으로, 아직 과거의 지식이 되지 못한 것에 대한 최선의 결론을 말한다.

반대로 가설을 세우지 못한 사람에게는 다음과 같은 말버릇이 있다.

"정보가 부족해서 못 해."

"시간이 부족해서 못 해."

"예산이 부족해서 못 해."

"인력이 부족해서 못 해."

사실 이런 사람에게 무엇이든 '충분한 상태'는 영원히 오지 않지만, 많은 사람이 그러한 사실조차 깨닫지 못한다. 이것이 완벽주의자가 쉽게 빠지는 함정이다. 그럼 어떤 경우에 이런 사태가 일어날까?

앞에서 말한 '상류와 하류'의 이야기로 말하면, 평소 하류 쪽의 일만 하는 사람에게서 쉽게 볼 수 있다. 하류 쪽은 기본적으로 정보가 충분히 축적되어 과거의 정보를 활용할 수

〈도표 4-3〉 생각하기는 있는 자원으로 시도해보는 것

포기하는 사람		일단 시도해보는 사람
• 정보가 부족해서 못 한다. • 시간이 부족해서 못 한다. • 예산이 부족해서 못 한다. • 인력이 부족해서 못 한다.	←→	• 지금 있는 정보만으로 시도해본다. • 지금 있는 시간만으로 시도해본다. • 지금 있는 예산만으로 시도해본다. • 지금 있는 인력만으로 시도해본다.
충분히 갖출 때까지 아무것도 하지 않는다.		**항상 지금 있는 자원만으로 가설을 세운다.**

있는 경우가 많다. 그에 비해 상류 쪽에서는 그런 정보 자체가 존재하기 쉽지 않다. 따라서 같은 사고회로로 일하면, 항상 불평하게 된다.

가설을 세우는 습관이 몸에 배인 사람의 태도는 다르다.

"지금 있는 정보만으로 무엇을 할 수 있을까?"

"지금 있는 시간만으로 무엇을 할 수 있을까?"

"지금 있는 예산만으로 무엇을 할 수 있을까?"

"지금 있는 인력만으로 무엇을 할 수 있을까?"

이 두 유형에는 큰 차이가 있다. 뭐든 항상 부족하다고 불평하는 사람에게 얼마나 있으면 충분한지 물어봐도 명확한 답변을 얻기 어렵다. 결국 대부분은 결론이 나오지 않는다.

반면 지금 할 수 있는 범위 내에서 시도해보는 사람에게 무엇이 더 필요한지 질문하면, 무엇이 얼마나 더 필요한지, 그것이 갖춰지면 어느 정도의 성과를 낼 수 있는지 구체적인 답변을 들을 수 있다. 특히 불확실성이 높은 상류 쪽의 일을 할 때, 가설을 세우는 것이 더 중요하다.

연습문제 10

※ 다음 해결하기 어려운 과제를 가능한 범위 내에서 시도해본다고
가정할 때, 무엇을 할 수 있는지 생각해보자.
(미리 포기하는 것을 막기 위한 연습이다. 못한다는 생각은 버려야 함을
명심하자)

• 이 세상에 용은 몇 마리 있을까? (정보가 없어도 포기하지 말자)

• 1인당 500원의 예산으로 회사 송년회를 준비하라는 지시를 받으면,
어떻게 하겠는가? (예산이 없어도 포기하지 말자)

묵묵히 생각하면
언젠가 해결책이 나온다

지식의 세계에서는 정답이 있어서 설령 자신이 몰랐던 문제라도 정답을 알고 나면 속이 시원해진다. 또 지식의 세계에는 '백점 만점'이 존재한다. 그러나 사고의 세계에는 정답도 만점도 없다.

사고의 세계는 회색이다

흑백이 분명한 지식의 세계에 비해 '모든 것이 회색'인 곳이 사고의 세계다. 그래서 사고의 세계에서는 속이 완전히 시원해지고 머리가 맑아지는 일이 없다.

앞에서도 잠깐 언급한 '정답병'을 가진 사람들의 특징 중 하나가 정답을 알아내서 답답한 마음을 떨쳐버리고 싶어 한다는 점이다. 이런 자세로는 아무리 시간이 지나도 속이 시원해지기는커녕 계속 생각하고 생각을 발전시켜나가야 하는 사고 행위를 견디지 못한다.

생각하기는 영원히 지속되며, 어딘가에서 갑자기 명확한 정답이 튀어나오는 일은 일어나지 않는다. 이 역시 수험문제집이나 퀴즈 방송에 익숙해져버린 '정답병'에서 벗어나기 위해 꼭 이해해야 할 사고의 특성이라고 할 수 있다.

생각은 계속해야 하며 끝은 없다

정답이 있는 세계에서는 정답을 알면 그것으로 끝난다. 예를 들어 시험 칠 때를 떠올려보자. 시험이 있는 세계는 정답이 있는 세계와 거의 비슷하다고 할 수 있으므로, 지식의

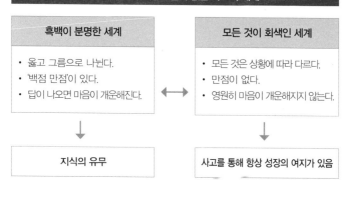

〈도표 4-4〉 백점만점이 없는 사고의 세계

흑백이 분명한 세계	모든 것이 회색인 세계
• 옳고 그름으로 나뉜다. • '백점 만점'이 있다. • 답이 나오면 마음이 개운해진다.	• 모든 것은 상황에 따라 다르다. • 만점이 없다. • 영원히 마음이 개운해지지 않는다.
↓	↓
지식의 유무	사고를 통해 항상 성장의 여지가 있음

세계를 지배하는 가치관으로 움직인다. '지식의 양이 풍부하고 정답 도출 능력이 뛰어난 사람'은 시험 문제도 금방 풀 수 있으므로, 중간에 교실을 나가기도 한다. 정답이 있는 세계에서는 답이 나오면 그 이상의 행동은 할 필요가 없기 때문이다.

하지만 사고의 세계에서는 아무리 좋은 답이 나왔다 하더라도 더 나은 답을 찾기 위해 계속해서 생각한다. 그래서 시간이 남을 수 없다. 앞에서 언급한 '시간이 부족해서 못 한다'라는 말은 사고의 세계에서는 금지 문구다. 이러한 점을 바탕으로 생각해보면, 시간은 부족하지도 남지도 않는다는 점이 사고의 세계가 지니는 특징이다.

항상 생각을 멈추지 않는 자세에 의미가 있으며, 물론 생각하기에 끝은 없다.

모두가 NO라고 할 때
YES를 외치는 사람

    집단 속에서 살아가는 우리에게 분위기 파악은 매우 중요하다. 분위기 파악은 어떤 의미에서 '보이지 않는 것'을 봐야 한다는 면에서 난이도가 꽤 높다고 할 수 있다. 그러나 이것은 '스스로 생각하기'와는 정반대의 행위다. 스스로 생각하는 부분이 결여되어 있기 때문이다(도표 4-5 참고).

    분명 보이지 않는 것을 이해하는 행위임에는 틀림없으나 사고하기에 부정적으로 작용하는 요소가 있다. 바로 '동기'다. 분위기 파악의 목적은 다른 사람에게 동조하고, 서로 다른 의견을 내고 토론하는 것을 피하기 위해서다. 이것은 스

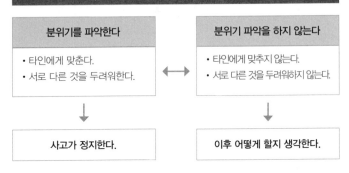

〈도표 4-5〉 분위기 파악보다 사고가 우선

분위기를 파악한다		분위기 파악을 하지 않는다
• 타인에게 맞춘다. • 서로 다른 것을 두려워한다.	↔	• 타인에게 맞추지 않는다. • 서로 다른 것을 두려워하지 않는다.
↓		↓
사고가 정지한다.		이후 어떻게 할지 생각한다.

스로 생각하기를 내팽개치는 자세와 같다.

분위기 파악은 집단 속에서 살아가기 위해서 매우 중요한 기술로, 집단이나 조직에서의 생활이 중요한 하류 쪽에 꼭 필요한 자세다. 하지만 이 책의 목표점이 되는 상류 쪽에서는 오히려 마이너스 요소로 작용하는 사고방식이다.

앞에서 변화를 일으키기 위해서는 리스크가 따른다고 말한 바 있다. 그 리스크 중에는 단순하게 변화로 인해 사태가 악화될지도 모른다는 위험성 외에 다른 사람의 비웃음을 사거나 반대에 부딪혀 고립될 위험성도 있다.

일반적으로 사람들은 대부분 보수적이다. 바꿀지 바꾸지

않을지 물어보면 대부분 바꾸지 않기를 바란다. 눈에 보이는 만큼 안심할 수 있기 때문이다. 변화를 선택하는 사람은 소수에 불과하다. 이런 경우, 만약 조금이라도 부정적인 결과를 초래하면 틀림없이 보수파의 반격을 받는다.

이렇듯 변화에는 리스크가 따른다. 스스로 생각하기를 통해 뭔가를 바꾸는 일은 항상 바꾸지 않는 쪽보다 리스크가 크다는 점을 머릿속에 새겨둬야 한다.

싸우지 않고 승리하는
전략을 생각하다

회사 동료들의 대화

R: 어떻게 해야 경쟁에서 이길 수 있을까? 지금까지 출시한 상품은 모두
같은 카테고리 안에 있는 타사 제품보다 실적이 좋지 않았어. 항상 먼저
나온 상대 회사 상품보다 한 단계 발전된 상품으로 출시하는데 말이야.

S: 같은 상품으로 대항하려고 하니까 그런 거 아니야? 나 같으면 뒤에서
쫓아가려고 하지 않고, 전혀 다른 전장에서 대결해보고 싶군.

전 세계적으로도 유명한 중국 춘추 시대의 병법서 『손자』
에는 '싸우지 않고 이긴다'라는 말이 있다. 바로 전략적인 사
고를 가리키는 말이다. 이 말과 항상 같이 등장하는 말이 전

술이다. 전략과 전술의 차이에 대해서는 다양한 관점에서 설명할 수 있으나 한 가지 측면에서 이렇게 비교할 수 있다.

'어떻게 이길 것인가?'가 전술적 질문이라면, '어떻게 하면 같은 전장으로 들어가지 않을 것인가?'가 전략적 질문이다. 〈도표 4-6〉을 보며 이 둘의 차이를 확인해보자.

전략과 전술의 차이는 전략에 중요한 의문사는 Why이며, 전술에 중요한 의문사는 How라는 점이다. 싸우기 전에 '(이길 수 있는 전장을 선택하여) 어디서 대결할 것인가'에 관해 생각하는 것이 전략이다.

이것을 줄을 서야 들어갈 수 있는 인기 식당에 간 상황에 빗대어보면, '어떻게 하면 줄을 효율적으로 설 수 있을까?'를 고민하고 대책을 세우는 일이 전술이라면, '어떻게 하면 줄을 서지 않고 들어갈 수 있을까?'를 생각하는 것이 전략이다.

마찬가지로 주변에 싫어하는 사람이나 대하기 껄끄러운 사람이 있을 때, '어떻게 하면 그 사람과 잘 지낼 수 있을까?'를 고민하는 것은 전술적 차원의 대책 강구이고, '어떻게 하면 그 사람과 마주하지 않을 수 있을까?'를 고민하는 것은 전략적 차원의 대책 강구다.

〈도표 4-6〉 전술과 전략의 비교

전술	전략
개별적 시책	큰 방향성
작은 목표	큰 목표
구체적	추상적
부분	전체
단기	장기
작전의 하류	작전의 상류
어떻게 싸울 것인가?	어디서 싸울 것인가?
주어진 자원 활용	주어진 자원의 배분
어떻게 이길 것인가?	어떻게 싸우지 않을 것인가?

연습문제 11

※ 다음 상황의 대책을 ①전술적 차원, ②전략적 차원의 두 관점에서 생각해보자.

• 판매 전부터 품귀 현상으로 손에 넣기 힘든 상품을 최대한 빨리 구입하기

①전술적 차원

②전략적 차원

• 경기나 게임 등 대회에서 우승하기

①전술적 차원

②전략적 차원

비상식이 아니라
허를 찌르는 전략이다

실제로 쓰이는 전략적 사고의 예를 생각해보자. 역사상 다양한 전쟁과 싸움에서는 기습 작전이 성공할 때가 많았다.

유명한 예로, 압도적으로 병력이 적었던 오다 노부나가 군대가 상대를 얕잡아보며 낙승을 예상하던 이마가와 요시모토의 머리를 짧은 결전 끝에 베어버린 '오케하자마 전투'나 헤이안 시대 미나모토 씨 가문과 다이라 씨 가문의 싸움 중 다이라 일족을 멸망의 길로 걷게 한 '이치노타니 전투'가 있다.

특히 난공불락으로 부르던 다이라 가문의 성을 뒤쪽 급경

사면에서 말을 타고 급습한 미나모토노 요시쓰네의 '히요도 리고에 싸움'이 유명하다. 이처럼 상대방의 허를 찌르는 기습 작전은 스포츠나 비즈니스 분야에서도 전략으로 자주 쓰인다.

얼핏 상대방의 허를 찌르는 것으로만 보이는 무모한 작전도 사실 생각하기의 측면에서 보면 지극히 이치에 합당하다. 즉 생각하기는 허를 찌르는 것과 이어진다. 허를 찌르는 작전을 생각하기와 관련하여 더 자세히 살펴보자.

'무엇이 이치에 맞는가'라는 물음은 전제 조건에 따라 다르므로, 우세한 쪽과 열세한 쪽이 선택하는 전략은 당연히 다르다. 많은 사람이 생각하는 정공법 작전을 가만히 따르지 않고, 자기 나름의 방식으로 싸우려면 먼저 생각하기가 전제되어야 한다.

비상식이라고도 말할 수 있는 오케하자마 전투에서의 빗속의 진군(실제인지 아닌지에 대해서는 여러 견해가 있다)이나 말을 타고 경사면을 올라가 적의 배후를 야습한 작전 역시 수적으로 열세한 쪽이 우세한 쪽을 이기기 위한 방책을 스스로 생각해서 얻은 결과다.

그래서 그런 작전은 단순히 기책이 아니라 많은 사람의 머릿속에 있는 단순한 상식을 뒤집어서 나온 계책이자 사실 가장 합리적인 전략이다.

사고력이 뛰어난 사람은
리스크를 두려워하지 않는다

회사 동료들의 대화

T: 우리 동기 중 한 명이 가상화폐로 큰돈을 벌었다나 봐. 일 년 만에
10배가 올랐대.

U: 부럽네. 나도 10만 원이라도 사놓을 걸······.

생각하기와 리스크는 언뜻 봐서는 관계가 없어 보이지만,
사실 긴밀한 관계에 있다는 점은 이미 '생각하기는 변화를 일
으킨다'라는 내용을 소개할 때 설명한 바 있다. 생각하기는 반
드시 리스크를 동반한다. 뒤집어 말하면 리스크를 감당하고

싶지 않은 사람은 사고 정지 상태에 빠지기 쉽다는 뜻이다.

먼저 리스크라는 말의 의미를 한번쯤 명확하게 짚고 넘어가자. 일반적으로 쓰는 리스크라는 말은 잠재적 위험성이라고 할 수 있다. 그래서 기본적으로 부정적인 문맥에서 쓰이는 경우가 훨씬 많다. 하지만 금융 분야나 그 외의 넓은 의미로 쓰는 경우에는 쌍방향으로 변동 폭이 크다는 의미다. 앞에서 말한 일반적으로 쓰이는 의미는 그 절반의 뜻만 담고 있다.

결국 리스크를 변동 폭이 크다는 의미라고 이해하면, 지금까지 말한 자유의 폭이 큰 것도 리스크라고 할 수 있다. 그

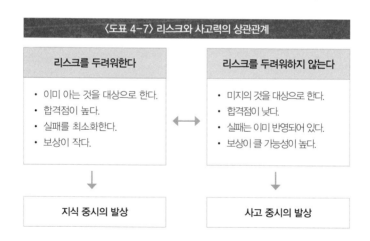

〈도표 4-7〉 리스크와 사고력의 상관관계

리스크를 두려워한다	리스크를 두려워하지 않는다
• 이미 아는 것을 대상으로 한다. • 합격점이 높다. • 실패를 최소화한다. • 보상이 작다.	• 미지의 것을 대상으로 한다. • 합격점이 낮다. • 실패는 이미 반영되어 있다. • 보상이 클 가능성이 높다.
↓	↓
지식 중시의 발상	사고 중시의 발상

래서 생각하는 사람은 리스크를 두려워하지 않는 사람이다. 정답이 있는 세계는 리스크가 없다. 정답이 정해져 있기 때문이다. 마찬가지로 시야가 미래를 향하고 있는지 과거를 향하고 있는지도 리스크가 있느냐 없느냐라는 관점에서 설명할 수 있다.

09

일률적 사고는 지양하고
개별적 사고는 지향한다

사고 정지형 상사 W와 부하 X의 대화

W: 다음 달부터 접대비는 일률적으로 30퍼센트 삭감하기로 했네. 그러니까 고객과 하는 회식비도 모두 3분의 2 수준으로 줄여야 해.

X: 모든 담당자에게 일률적으로 적용되는 건가요? 제가 담당하는 쪽은 대부분 지금 갑자기 교류가 늘어나고 있는 상황이라서 불가능합니다.

W: 자네도 회사 상황은 알고 있겠지? 어쨌든 경비를 줄여야 하네.

X: 그래도 지금 교류가 거의 없는 회사도, 이제부터 교류가 점점 늘어나고 있는 회사도 일률적으로 적용하는 건 힘들어요.

W: 내가 그런 말을 하나하나 듣고 있어야 하나? 무조건이야. 그만하게!

X: ......

뉴스에도 자주 등장하는 '일률적'이라는 말, 예를 들어 '일률적 임금 인상', '○○수당 일률적으로 지급' 같은 표현은 집단의 규정이 철저하게 적용되는 상황에서 쉽게 볼 수 있다. 이와 반대는 일률적이 아닌 '케이스 바이 케이스(case by case, 개별적으로, 상황에 따라)'로, 개별적 특성을 이해하고 차이를 두는 것이다.

여기서 생각하기를 위한 힌트를 얻을 수 있다. 뭔가를 일률적으로 실시할 때 얻는 이점은 일일이 생각할 필요가 없어 운용이 간단하고 전원이 동등한 입장이 된다는 점에서 결과의 평등을 실현할 수 있으며, 추후에 개별 대응을 할 필요가 없다.

조직이나 집단을 운영할 때는 이런 방식이 효율적이지만, 사실 이런 방식은 다른 의미의 불평등을 낳는다. 결과의 평등을 실현하는 것은 동시에 기회의 불평등을 낳기 쉽다. 노력하는 사람과 노력하지 않는 사람이 같은 결과를 얻게 된다면, 노력한 사람은 불평등하다고 느낄 것이다.

하류에 있는 사람들의 집단행동과 관리의 관점에서는 '일률'이라는 말이 편리하게 작용하지만, 사실 상류에서 이루어지는 전체적 계획의 관점에서 보면 아무것도 생각하지 않는 상태를 의미한다.

수입이 적은 사람에게나 많은 사람에게나 똑같은 세금을 부과한다면, 수입이 적은 사람은 불평등이 심각하다고 느낄 것이다. 이처럼 원래 평등이라는 개념은 환상과도 같다.

여하튼 이런 불평등하다는 생각을 조금이라도 해소하기 위해서는 사고가 필요하다. 평등에 관한 목적과 기준을 명확히 한 다음 결과에 차이를 둔다는 점에서 일률과 다르다. 예를 들어 시가지의 제한 속도는 '일률적으로 40km'라는 규칙이 있다고 하자. 하지만 실제로는 교통량이 별로 없어 60km라도 위험성이 현저히 낮은 도로도 있다.

반면 도로 폭이 좁고 시야가 좋지 않거나 아이들이 많은 주택지 등에서는 30km라도 세심하게 주의를 기울이지 않으면 사고의 위험성이 높아진다. 이럴 때 가령 시야, 도로 폭, 교통량, 보행자의 통행량 등의 기준을 만들어 세세하게 살펴보면, 이런 불합리한 일들을 조금씩 해소해나갈 수 있다.

'그런 걸 하나하나 하고 있으면 관리나 운영에 너무 많은 시간이 걸린다', '현실적이지 않다'라는 점이 운영을 맡은 사

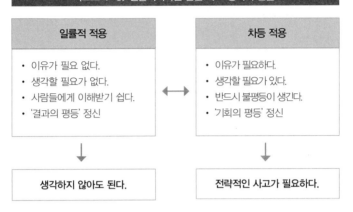

〈도표 4-8〉 일률적이라는 말은 사고 정지의 산물

일률적 적용	차등 적용
• 이유가 필요 없다. • 생각할 필요가 없다. • 사람들에게 이해받기 쉽다. • '결과의 평등' 정신	• 이유가 필요하다. • 생각할 필요가 있다. • 반드시 불평등이 생긴다. • '기회의 평등' 정신
생각하지 않아도 된다.	**전략적인 사고가 필요하다.**

람들이 말하는 이유일 것이다. 분명 지금까지는 그래왔다.

하지만 지금 ICT 기술의 진보, 예를 들어 IoT(Internet of Things, 사물인터넷: 모든 사물을 네트워크로 연결하여 정보를 교류하고 상호 소통하는 기술-옮긴이)나 빅데이터, 그런 기술을 장착한 AI의 활용으로 그런 세세한 데이터 분석이나 관리는 적은 비용으로도 가능한 세상이 되었다.

따라서 운영자들이 말하는 이유에 대해 다시 생각해볼 수 있는 좋은 기회가 왔다. 앞에서 말한 대로 규칙은 일반적으로 생각하기가 끼어들 여지가 별로 없다. 우리 주변의 규칙

182 싱킹 프레임

을 떠올려보고, 지금까지는 일률적으로 적용할 수밖에 없었던 것을 바꿀 수는 없는지 고민해보자.

연습문제 12

※ 우리 주변의 규칙 중 일률적인 기준으로 적용해온 탓에 문제가
  생긴 사례(교통규칙이나 법적 기준 등)를 찾아 현재 그로 인해 어떤
  문제가 발생하는지 생각해보자.
  여러분이라면 어떤 새로운 기준을 설정하여 그 문제를 개선할지
  도 고민해보자.

인재를 적재적소에 배치할 때도
사고력이 필요하다

사내 교육 담당자 Y와 상품기획부 부장 Z의 대화

Y: 얼마 전에 말한 연수 계획 말인데요, 일부 직원만 대상으로 하는 점이 마음에 걸려서요.

Z: 그러실 수도 있지만, 지금 필요한 것은 직원들의 능력을 일률적으로 향상시키는 것이 아니라 개개인의 개성을 이끌어내서 기량을 끌어올리는 것입니다. 그러니까⋯⋯.

Y: 그래도 일부 직원만 대상으로 하면 공평성의 문제가 생길 수도 있잖아요.

생각하기는 차이를 두는 것이라는 앞의 내용과 관련하여

사고력을 기르기 위한 교육의 차이에 대해서도 살펴봐야 한다. 지식을 익히기 위한 교육과 사고력을 기르기 위한 교육의 차이가 대화에서도 나타난다.

교육을 통해 지적 능력을 향상시키는 방법에는 크게 두 가지가 있다. 전체적인 평균 수준을 향상시키는 방법과 각자의 개성을 신장시키는 방법이다. 〈도표 4-9〉를 참고하면 이 둘의 차이를 쉽게 이해할 수 있을 것이다.

물론 교육의 방식에 정답은 없지만, 이러한 두 가지 사고 방식에 대해서는 마치 종교 논쟁처럼 많은 사람이 다양한 상황에서 각자의 주장을 펼치고 있다.

그러나 사람들이 간과하기 쉬운 관점이 '목적이 무엇인가?' 하는 물음이다. 이 질문이 효과를 발휘하는 상황은 경우에 따라 다르지만, 지금까지 특히 아시아 국가에서 주류를 이루었던 지식 습득을 중시하는 사고방식이 전체적으로 평균을 끌어올리는 교육과 밀접하게 관련 있다는 사실은 여기까지 이 책을 읽어온 여러분이라면 쉽게 이해할 수 있을 것이다.

다른 측면에서 보면, 이른바 성공한 조직을 효율적으로

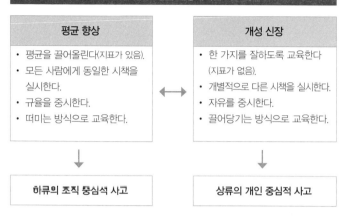

〈도표 4-9〉 개성을 신장시키는 사고력

평균 향상	개성 신장
• 평균을 끌어올린다(지표가 있음). • 모든 사람에게 동일한 시책을 실시한다. • 규율을 중시한다. • 떠미는 방식으로 교육한다.	• 한 가지를 잘하도록 교육한다(지표가 없음). • 개별적으로 다른 시책을 실시한다. • 자유를 중시한다. • 끌어당기는 방식으로 교육한다.
하류의 조직 중심적 사고	상류의 개인 중심적 사고

운영하기 위해 필요한 하류형의 인재에 최적화된 사고방식이 바로 전체 평균을 끌어올리는 발상이다. 이에 반해 상류를 지향하는 사고력은 기본적인 사고방식이 다르다.

평균을 끌어올리는 교육이라면 명확한 지표(채점 기준과 점수)가 정해져 있지만, 반대로 개성을 이끌어내는 교육에는 다양한 지표가 존재한다. 그럼에도 '지식형=전체 평균을 끌어올리는 방식'의 사고회로에 익숙한 사람은 성과를 지표로 삼고 효과를 숫자로만 표현하려고 한다. 이 책에서 거듭 반

복해서 말하는 사고회로 전환의 필요성은 이러한 상황에서
명확하게 나타난다.

.

숫자로 판단하는 것은
일률적인 것

직장 상사와 부하의 대화

A: 신상품 제안서 봤네. 탄력성이 포인트라는 말은 무슨 의미지? 그러니까 내 말은 팔릴지 안 팔릴지 숫자로 표현해야 설득력이 있다는 뜻이야.

B: 그건 신상품이라서 숫자로 표현하기가 좀 어렵습니다.

A: 그래도 여긴 회사잖나. 무조건 수치로 나타내야 하네.

직장에서든 어디서든 숫자로 표현하는 사람은 왠지 똑똑해 보인다. 물론 상황에 따라 단순한 직감으로 말하는 사람에 비해 이성적이고 설득력이 있어 보인다. 하지만 뭐든 숫자로 표현하는 행위는 사고 정지의 상징이라고도 할 수 있다.

'지식교의 신봉자'와 마찬가지로 숫자를 맹신하는 사람은 비즈니스 현장이나 교육계에서 흔히 볼 수 있다. 숫자로 판단하는 사고법은 이 책에서 말하는 하류의 세계에서는 효과적이지만, 창조성과 혁신을 중시하는 상류의 세계에서는 사실 아무 생각이 없어서 숫자나 지식으로밖에 표현하지 못한다는 평가를 받는다.

예를 통해 숫자로 판단·표현하는 것과 숫자로 판단·표현하지 않는 것을 비교해보자. 숫자로 판단하는 것은 현상의 판단 기준과 평가 지표가 숫자밖에 없다는 뜻이다. 간단히 말하면, 상류 쪽의 사고법은 변수를 찾는 것이지 주어진 변수를 최적화하는 것이 아니다.

변수가 생기면 그 뒤는 압도적인 문제 해결 능력을 가진 AI에게 맡길 수 있다. 이미 바둑의 알파고가 그 능력을 증명한 바 있다. 바둑에서는 승부의 형세가 유리하든 불리하든 수치 계산이 가능하기 때문에 컴퓨터가 해결할 수 있다. 숫자 이외의 변수를 찾는 일은 현재 AI가 쉽게 할 수 없는 영역

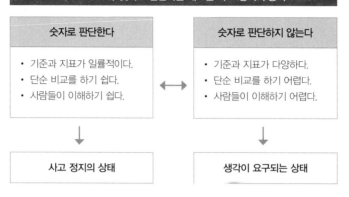

<図표 4-10> 숫자로 판단하는 태도는 사고 정지의 증거

숫자로 판단한다	숫자로 판단하지 않는다
• 기준과 지표가 일률적이다. • 단순 비교를 하기 쉽다. • 사람들이 이해하기 쉽다.	• 기준과 지표가 다양하다. • 단순 비교를 하기 어렵다. • 사람들이 이해하기 어렵다.
↓	↓
사고 정지의 상태	생각이 요구되는 상태

이다. 현재로서는 우리 인간만이 할 수 있는 숫자 이외의 것
으로 판단하는 태도가 생각하기와 이어진다.

숫자로 판단하는 일이 상대적으로 실천하기 쉽다는 사실
은 예를 들어 비즈니스 현장에서 일어날 수 있는 다음과 같
은 상황을 상정해보면 이해하기 편하다.

• 영업 시 구입을 좀처럼 결정하지 못하는 고객에게 가격 인하를 제
  시하는 것은 전혀 머리를 쓰지 않아도 누구든 생각할 수 있는 방법
  이지만, 다른 형태로 부가 가치를 제시하여 고객에게 '가격이 더

높아도 사고 싶도록 만드는' 방법은 일률적이지 않아 가능성이 무한하게 존재한다.

- 구매에 대한 협의 사항으로 가격 인하를 제시하는 것은 누구라도 생각할 수 있는 방법이지만, 그 외의 조건을 덧붙여서 최종적으로 자사의 이익이 되는 시책을 생각하는 것은 여러 모로 궁리가 필요하다.

- 채용 시 좀처럼 입사를 결정하지 못하는 인재에게 추가 조건을 제시할 때 연봉 이상은 누구든 생각할 수 있는 간단한 방법이지만, 금전 이외의 인센티브를 주는 것은 다양한 기준에 따른 여러 가지 답이 있는 만큼 생각할 필요가 있다.

풍부한 지식이 반드시 생각하기와 이어지지는 않는 것처럼 얼핏 머리를 쓰고 있는 것처럼 보이더라도 숫자로 표현하는 태도도 상황에 따라서는 사고 정지의 상징이 되기도 한다.

'줄이 길면 맛집'이 정답일까?

숙자 같은 하나의 지표나 기준으로 생각하지 않고 다른 지표나 기준을 고민해보는 것이 생각하기라는 점을 확인해 봤다.

그럼 다른 지표를 고민한다는 말은 일상생활에서 어떤 것을 뜻할까? 전형적인 예를 하나 들어보자. 그것은 줄을 서는지 아닌지로 설명할 수 있다. 앞에서 '생각하기는 싸우지 않고 이기는 것'이라는 점을 설명할 때 줄을 서지 않는 것의 의미에 대해서 언급한 적이 있다. 또한 몇몇 관점에서 줄을 서는 것이 어떻게 사고 정지의 온상이 되는지도 설명했다.

줄을 서는 행위는 정해진 지표 안에서 싸우는 전형적인 행동이다. 반면 줄을 서지 않는 것은 지표를 바꾸는 일의 상징적인 예다. 비교표로 나타내보면, 생각하고 있는 상태와 생각하지 않는 상태의 구도와 거의 같은 구도가 된다는 점을 알 수 있다. 줄을 서는 것은 이미 있는 줄을 의심하지 않고 줄이라는 기준이 하나라는 발상에서 나오는 행동이다.

이에 반해 줄을 서지 않는 것은 그 줄에 서 있는 것 말고도 달리 할 수 있는 일이 얼마든지 있다는 발상에서 나오는 행동이다. 두 행동의 근본적 차이는 모두와 같은 행동을 할지, 아니면 어떻게든 남과 다른 생각으로 같은 줄에 서지 않을지 혹은 애초에 줄을 서지 않아도 되는 방법이 있는지 고민하는 생각의 차이에서 나온다.

또 다른 사람과 같다는 사실을 의심하는지 아닌지의 차이기도 하다. 줄을 서는 것은 아무 생각 없이 다른 사람을 따라 한다는 의미인 반면, 줄에 서지 않는 것은 다른 사람과 똑같이 줄을 서는 것을 꺼림칙하게 여기는 마음의 표현이다.

전략과 전술의 차이에서 언급했듯이 '정해진 전장에서 어떻게 싸울 것인가'는 '어떻게 해야 줄을 잘 설 것인가'이며,

'전장을 어떻게 바꿔서 싸우지 않아도 될 것인가'는 '줄을 서지 않는 방법이 무엇인가'라는 물음과 같다.

줄을 서지 않는 것과 생각하기의 공통점이 하나 더 있다. 그것은 5장에서 설명할 '전체 조감'과 관련 있다.

호텔 조식 중에 뷔페식이 있다. 거기서 요리를 담을 때도 바로 줄을 서는 사람과 줄을 서지 않는 사람의 차이가 드러난다. 실제로 관찰해본 결과 90퍼센트 이상의 사람들이 식당에 들어가자미자 접시를 들고 줄을 섰다고 한다. 특히 혼잡할 때 더욱 그런 행동을 보였다. 이 이야기는 전체를 조망하는 자세의 이점을 이해하는 데도 도움이 된다.

전체를 보지 않고 바로 줄을 서면 어떤 요리가 있는지도 모른 채 눈앞에 있는 요리부터 담게 된다. 어쩌면 너무 많은 음식을 담아 중간부터 음식을 담지 못하거나 반대로 더 좋은 음식이 나올 때까지 기다리다가 마지막 요리까지 다다를 수도 있다. 어쨌든 두 경우 모두 되돌아가야 할 것이다.

즉 전체의 우선순위를 매기지 않는 상태에서 작업을 시작하는 행동이 무조건 줄을 서는 행동과 같다고 할 수 있다.

〈도표 4-11〉 줄을 서지 않는 쪽을 생각해보기

줄을 선다	줄을 서지 않는다
• 어떻게 해야 줄을 잘 설 수 있을지 고민한다. • 줄 서기를 당연하게 여긴다. • 모두와 동일한 것을 의심하지 않는다.	• 어떻게 해야 줄을 서지 않을 수 있을지 고민한다. • 다른 줄을 생각한다. • 타인과 다른 것을 생각한다.

(이런저런 말을 하지 않고) 무조건 줄을 선다.	**어떻게든 줄을 서지 않는 방법을 생각한다.**

※ 줄을 서지 않기 위해 어떻게 해야 전장을 바꿀 수 있는지 생각하는 연습이다.

최근 길게 줄을 선 경험을 떠올려보자. 정말 줄을 설 필요가 있었는가?
어떻게든 그 줄을 서지 않으려고 했다면, 처음부터 어떻게 해야 했을까?

아래의 각 항목에 대해 생각해보자.

- 그 자리에서 할 수 있었던 생각
- 사전준비 단계에서 할 수 있었던 생각
- 전혀 다른 수단을 써서 같은 목적을 달성할 수 있었던 방법
- 살아가는 자세나 사고방식 차원에서 가능한 방법

때로는 거꾸로 생각해본다

주어진 문제를 바로 해결하려고 하지 않고 이미 끝난 이야기를 다시 한번 짚어보는 사람이 있다. 앞에서 말한 '분위기 파악을 하지 않는' 행동 중 하나라고도 말할 수 있지만 이러한 발상은 사고력을 기르는 데 매우 중요한 키워드다.

문제 발견형 사고

먼저 원점으로 돌아가 다시 생각해본다. 그대로 앞으로

달리지 않고 일단 그 문제의 근본 원인으로 돌아간다. 이것은 2장에서 세 가지 영역을 설명할 때 언급한 문제 해결의 흐름(문제 발견+정의→문제 해결) 중에서 '문제 발견+정의'라는 앞부분, 즉 문제 자체를 결정하는 단계에 해당한다. 그다음은 정해진 문제를 푸는 단계다. 따라서 이미 만들어진 판을 뒤집는 것은 풀어야 할 문제가 요점을 빗나간 것은 아닌지 살펴보는 문제 제기와 같다.

  잘못된 문제를 바르게 해설하는 것은 문제 해결은 잘하지만 문제 자체를 의심하기는 잘하지 못하는 사람이 빠지기

〈도표 4-12〉 진정한 생각하기란 문제 발견형의 사고법

문제 해결	문제 발견
• 문제 해결의 '하류' • 문제는 정의되어 있다. • 문제의 옳고 그름을 의심하지 않는다.	• 문제 발견의 '상류' • 문제를 발견하여 정의한다. • 문제 자체를 의심한다.
↓	↓
어떻게 해결할지 생각한다.	무엇이 문제인지 생각한다.

쉬운 함정이다. 문제 해결의 흐름에서 상류에 해당하는 문제 발견의 중요성을 나타낸다고도 할 수 있다. 이러한 둘의 차이를 〈도표 4-12〉에서 확인할 수 있다.

처음부터 되짚는 사고회로를 움직이자

예를 들어 직장에서 동기를 부여하기 위해 새로운 작업 방식을 생각하라는 문제가 제기되었다고 가정해보자. 이럴 때 문제 해결형의 사고회로를 가진 사람은 새로운 작업 방식을 생각하라는 주어진 문제를 어떻게 잘 해결할 수 있는지에 집중하여 새로운 작업 방식만 고민한다.

이에 반해 처음부터 의심하는 사고회로를 가진 사람은 주어진 문제의 상위 목적인 '직장에서의 동기 부여'를 달성하기 위해서 어떻게 해야 하는지 문제 자체를 다시 정의한다. 가령 주변에 작업 의욕이 생기지 않는다고 말하는 사람을 관찰하여 작업 방식에 불만을 가지고 있다기보다 상사나 작업 내용 자체에 불만을 가진 사람이 많다는 사실을 깨닫는다.

그 결과로 새롭게 제기되는 '상사와의 목표 이해 차이를 없애기 위해 어떻게 해야 하는가?', '장기적 관점으로 작업에 몰두하기 위해서는 무엇을 해야 하는가?'라는 문제에 대해 생각하기 시작한다.

질문을 부끄러워하지 않을 때
성장이 있다

교실에서 나누는 선생님과 학생의 대화

선생님: 오늘의 전달사항은 이것으로 끝났는데, 질문 있는 사람은 없나요?

전체 학생: …….

선생님: 질문이 없다는 건 아무것도 듣지 않았다는 말과 똑같아요. 이야기
를 들었으면 반드시 자기 나름의 질문을 해야 합니다. 그것이 이야
기해준 사람에 대한 예의라고 생각하세요. 정말 질문이 없나요?

학생A: 선생님, 하지만 질문하는 것은 오히려 제대로 듣고 있지 않았다
는 뜻 아닌가요?

정답이 있는 지식의 세계에서 중요한 것은 '답'이다. 반면

사고의 세계에서 중요한 것은 질문 자체를 발견하기 위한 '질문'이다.

생각하기는 질문에서 시작한다

생각하는 행위는 질문을 통해 모르는 것에 눈을 돌리는 일에서부터 시작된다. 평소 별생각 없이 나누는 대화 속에서 질문이 차지하는 비율을 확인해보자.

앞에서 말한 대로 생각하기는 일단 모르는 것에 눈을 돌리는 일에서 시작되지만, 자신이 이미 알고 있는 것에 관심을 두는 편인지, 아니면 아직 모르는 것에 관심을 두는 편인지는 이 비율을 확인해보는 것이 가장 간단한 방법 중 하나다.

말이 많고 언변이 뛰어난 사람은 대화가 아웃풋 중심, 즉 자신이 알고 있는 것을 주로 화제로 삼는다는 사실을 알아차렸을 것이다. 이런 상황에서는 사실 사고도 학습도 불가능하다. 생각하는 사람 중에는 오히려 남의 말을 잘 듣는 사람이 많다.

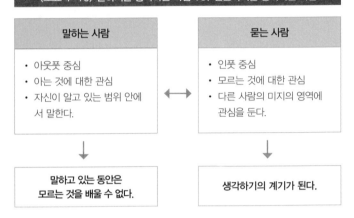

〈도표 4-13〉 말하기를 좋아하는 사람 vs. 질문하기를 좋아하는 사람

말하는 사람	묻는 사람
• 아웃풋 중심 • 아는 것에 대한 관심 • 자신이 알고 있는 범위 안에서 말한다.	• 인풋 중심 • 모르는 것에 대한 관심 • 다른 사람의 미지의 영역에 관심을 둔다.
말하고 있는 동안은 모르는 것을 배울 수 없다.	생각하기의 계기가 된다.

　자신이 이미 알고 있는 것보다 모르는 것에 더 흥미를 가지기 때문이다. 따라서 알고 있는 것을 이야기하기보다 자신이 모르는 것을 다른 사람에게서 배울 수 있도록 조금씩 계속해서 질문한다.

질문이 없는 것은 존재하지 않는 것

　서두에서 본 대화를 다시 보자. 분명 학생A의 말에도 일리

가 있다. 특히 학교에서는(중학생 이상은 더욱) '질문=부끄러운 일'이라고 여기는 경우가 많다. 이것이 바로 우리 교육이 지식 중심이라는 뜻이다.

분명 지식을 전수하는 상황에서는 질문하는 것이 이야기를 제대로 듣고 있지 않았다는 뜻이므로, 질문이 부끄러운 일이 될 수도 있다. 하지만 사고력을 기르기 위해서라면, 듣는 사람이 자율적으로 생각하도록 유도하는 것이 궁극적인 목표다. 그러므로 질문이 없다는 말은 듣는 사람에게 어떠한 자극도 주지 못했음을 의미한다. 듣는 사람이 아무런 질문을 하지 않는다는 것은 존재하지 않는 것과 같다.

연습문제 14

※ 다른 사람의 이야기를 듣는 상황이라면, "어떤 질문을 할 것인가?"를 생각하면서 자기 나름대로의 질문을 생각하면서 들어보자. (가능하다면 실제로 질문도 해보자.)

다른 사람의 이야기를 지식을 얻기 위해서라는 목적 외에 "스스로 생각하기 위해서"라는 목적을 가지고 질문을 떠올리면서 들으면, 머릿속에서 어떤 일이 일어나는지, 지금까지와는 어떻게 다른지 생각해보자.

자유롭게 생각을 유영하여
최선을 찾다

서로 다른 팀에서 일하는 회사 동료들의 대화

A: 우리 팀 과장은 뭐든 일을 통째로 맡겨. '이거 적당히 해봐'라고 말해.
　　그러려면 과장은 필요 없는 거 아니야?

B: 좋겠다. 우리 팀 과장은 뭐든 지시 사항이 너무 많아서 일이 재미없어.

　　생각을 하면 자유로워질 수 있다는 것은 1장에서 이미 말한 바 있으나 이 책에서 종종 비교하고 있는 상류와 하류의 관계에서 이 점을 살펴보고자 한다.

　　무엇보다 상류의 세계는 아직 어디가 강인지 모르는 이른바 '백지에 아무것도 쓰여 있지 않은' 상태다. 즉 가장 자유로운 상태다. 여기에 일단 큰 틀을 그리고, 다음으로 지엽적인 부분을 덧붙여 나갈 때 필요한 것이 사고력(물론 지식과 경험도 포함하여)이지만, 앞에서 말한 대로 하류 쪽으로 갈수록(지식과 식견이 모이고, 과거의 지식을 쓸 수 있게 된다는 점에서) 지식과 경험이 도움이 되는 비율이 높아진다.

생각하기는 이처럼 자유로운 상황에서 특정 재료를 활용하여 최선의 선택지를 찾아야 할 때 필요하다. 그러므로 생각하는 사람은 아무것도 정해지지 않은 상태를 즐겁게 받아들여야 한다.

한편 항상 방대한 지식과 정보에 매몰되는 사람은 아무것도 정해지지 않거나 아무런 정보가 없는 상태를 못마땅하게 여긴다. 뭔가 이미 그려져 있는 그림을 보고 거기에 대해 말하는 것이 하류 쪽에 해당하는 지식형의 발상이다.

그에 반해 앞으로 어떻게든 변할 수 있는 백지를 보고 의욕을 불태우는 것이 상류 쪽에 해당하는 사람이 하는 발상이다.

그러나 무슨 그림을 그려야 할지 모르겠다고 하소연하는 사람이 많을 것이다. 그럴 때는 이 책에서 여러 번 언급한 적

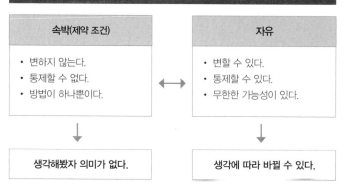

〈도표 4-14〉 생각하기로 자유로워지기

속박(제약 조건)	자유
• 변하지 않는다. • 통제할 수 없다. • 방법이 하나뿐이다.	• 변할 수 있다. • 통제할 수 있다. • 무한한 가능성이 있다.
↓	↓
생각해봤자 의미가 없다.	생각에 따라 바뀔 수 있다.

있는 '정답도 오답도 없다' 혹은 '합격점을 낮춰 일단 행동해보라'라는 말을 떠올려보자.

이런 사고회로를 반영하여 생각하기는 스스로 바꿀 수 있는 것, 통제할 수 있는 것을 대상으로 삼는다. 반대로 생각하지 않는 사람은 자기 힘으로 바꾸지 못하는 과거의 일이나 다른 사람에게 관심을 둔다.

생각하기는 기본적으로 진취적으로 미래를 만들어나가기 위해 필요한 일이며, 후회하지 않는 것과도 이어진다.

5장

창의는 무에서
유를 창조하는 것

보이지 않는 것
연결하기

■

앞 장에서는 행동도 포함하여 평소 생각하는 습관을 익히는 데 필요한 힌트에 대해 설명했다. 이어서 이번 장에서는 생각하기를 위한 기본 원리에 대해 조금 더 깊이 알아보고자 한다.

보이는 것과 보이지 않는 것의 연결

먼저 '스스로 생각하기'를 위한 관점에 대해서 살펴보자. 한마디로 표현하면, '보이지 않는 것을 연결하는 것'이다. 여기서 말하는 연결이라는 행위에 관해서는 결과와 원인, 수단과 목적, 부분과 전체 같은 보기 쉬운 것과 보기 어려운 것 사이의 관계성을 찾아내는 일이 중요하다.

생각하는 행위는 눈에 보이는 형태로 설명하기 어렵다. 그래서 지금까지 해온 방식과 마찬가지로 생각하지 않는 상태와 비교·분석하여 두뇌의 사용법을 알기 쉽게 알려주고자 한다.

이번 장의 앞부분에서는 생각의 대상으로 삼아야 하는 보이지 않는 것은 무엇인지, 보이는 것과의 비교를 통해서 알아본다.

뒷부분에서는 보이지 않는 것을 연결하는 방법을 다양한 관점에서 제시하여 실천할 수 있도록 돕고자 한다. 그 과정에서 표면상으로 서로 모순되는 듯 보이는 것도 있겠지만, 그런 모순을 소화하는 방법 역시 '스스로 생각하기'를 위한 중요한 포석이 되므로 편안한 마음으로 즐길 수 있기를 바란다.

그럼 보이는 것과 보이지 않는 것의 차이부터 명확하게 짚어보자.

보이지 않는 것을 의식하다

친구 사이인 대학생 남녀의 대화

남자A: 어떤 사람이 이상형이야?

여자B: 음……, 돈에 인색하지 않고, 휴일에 게임만 하지 않고, 다른 사람에 대해 험담하지 않는 사람이랄까?

남자A: 왜 그렇게 말하는지 왠지 알 것 같네.

생각하기는 많든 적든 우리가 직접 눈으로 보고 만지거나 찾을 수 없는 대상에 사고를 확장하는 것을 의미한다. 더 정확히 말하면 보이는 것과 보이지 않는 것을 관련 지어 새로운 것을 만들어내는 과정이다.

서두의 대화를 다시 한번 보자. 남자가 '왠지 알 것 같다'라고 말한 심경을 우리는 상상할 수 있다. 아마도 이 여성은 과거 남자친구의 결점을 모두 되짚어보고 이상적인 인물상을 답했을 것이다.

이 예시가 상징적이지만, 경험과 지식은 뭔가를 생각할 때 좋든 싫든 최초의 토대가 되기 쉽다. 그래서 아마 옛 남자친구와의 경험이 많은 사람일수록 대개 이상적인 연인의 기준이 까다로울 가능성이 있다. 물론 일방적으로 실연당했고 좋은 추억만 남기고 헤어진 옛 연인에서 생각이 시작된다면 그 사람의 장점이 그대로 반영될 가능성도 높지만, 여하튼 양쪽 모두 '실재하는 사람'에게서 시작된 발상이다.

지식과 사고의 관계를 지금부터 더 자세히 살펴보도록 하자. 지금은 존재하지 않는 새로운 것을 생각할 때도 최초의 토대는 분명 현재까지 쌓은 지식과 경험이 된다. 다만 지식과 경험이 너무 많이 축적되면, 거기서 빠져나오기 힘들 수 있다. 이런 점에서 지식과 경험이 발상을 방해하는 메커니즘이 엿보인다. 이처럼 지금 있는 것과 지금 없는 것을 생각할

〈도표 5-1〉 보이는 것과 보이지 않는 것의 차이

보이는 것	보이지 않는 것
• 실재하는 것 • 행동하는 것 • 수단 • 발생하는 사실과 현상 • 주관적(나)	• 실재하지 않는 것 • 행동하지 않는 것 • 목적 • 근본 원인 • 객관적(상대방)

때는 전혀 다르게 머리를 써야 한다.

이것은 여러 의미로 보이는 것과 보이지 않는 것의 관계 전반에 적용할 수 있다. 이제 조금 추상적으로 설명한 보이는 것과 보이지 않는 것의 차이를 예를 통해 알아보자. 먼저 〈도표 5-1〉을 참고하기를 권한다.

03

지금 있는 것과
지금 없는 것

보이는 것은 '지금 여기에 있는 것'이고, 보이지 않는 것은 '지금 여기에 없는 것'이다.

상상력이란 지금 여기에 없는 것을 머릿속에 그리는 힘이다.

물론 출발점은 여기 있는 것이지만, 지금 없는 것을 어느 정도까지 상상할 수 있는지, 그것이 바로 생각하기다.

아래 두 가지 문제를 살펴보자.

1. 집에 있는 것을 10초 동안 10개를 적어보자.

…… 결과가 어떠한가? 금방 10개가 생각났는가?

2. 집에 없는 것을 10초 동안 10개를 적어보자.

…… 결과가 어떠한가?

여기에서 1번과 2번 문제를 풀 때 머리를 어떻게 썼는지 다시 생각해보자. 둘은 어떻게 다른가? 일반적으로 제한 시간이 짧다면 집에 있는 것을 떠올리기가 훨씬 더 쉬웠을 것이다.

문제를 해결한 방식 역시 누구나 비슷할 것이다. 집안의 모습을 떠올린 뒤 걸음을 옮기면서 시선 끝에 있는 물건을 적어나가면 10개 정도는 금방 채울 수 있다.

두 번째 문제는 조금 고민이 필요했을 것이다. 또 사람에 따라 해결 방식이 천차만별이며, 답으로 나온 항목도 매우 다양할 것이다. 게다가 쉽게 머릿속에 떠오르지 않는 만큼 조금 성가시지 않았을까.

여기서부터는 기억에서 이끌어낸 지식을 바탕으로 답을 찾기 시작해야 한다. 가령 먼저 '있는 것'을 떠올린 후 그것을 조금씩 바꿔가는 시점을 활용할 수 있다(도표 5-2 참고).

예를 들어 남자 혼자 사는 집의 넥타이를 떠올리며 여성

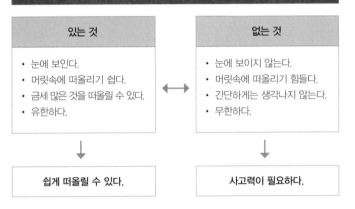

〈도표 5-2〉 '없는 것'을 생각할 때 필요한 사고력

있는 것	없는 것
• 눈에 보인다.	• 눈에 보이지 않는다.
• 머릿속에 떠올리기 쉽다.	• 머릿속에 떠올리기 힘들다.
• 금세 많은 것을 떠올릴 수 있다.	• 간단하게는 생각나지 않는다.
• 유한하다.	• 무한하다.
쉽게 떠올릴 수 있다.	사고력이 필요하다.

복이 없다는 사실을 깨닫고 스커트나 블라우스를 생각해내거나 고양이는 있지만 개는 없다는 생각을 할 수도 있다. 또한 집안에 들여놓을 수 없는 큰 물건이나 쉽게 살 수 없는 고가의 제품을 생각한 사람도 있을 것이다.

어느 쪽이든 지금 없는 것을 생각해내기 위해서는 특정 시점을 활용하는 등 단순히 머릿속에 떠올리는 것과는 다르게 머리를 써야 한다.

또한 사고의 기반에는 역시 지식이 있다는 점도 새삼 재확인할 수 있다. 우리는 아무것도 없는 상황에서도 꿈꾸는 바를 그릴 수 있다. 이것은 인간에게만 허락된 특권일 것이다. 지식은 기본적으로 지금 있는 것의 집대성이다. AI의 발달로 인해 가까운 장래에는 AI가 인간의 지성을 넘어설지도 모르지만, 그때가 되어도 최후의 최후까지 남는 것은 인간의 이러한 상상력이 아닐까.

두 문제에 대한 두뇌 사용법의 차이를 정리해보면 이것이 '지식형'의 두뇌 사용법과 '사고형'의 두뇌 사용법의 차이라는 점을 알 수 있을 것이다.

- '있는 것'을 생각하는 방법은 사람에 따라 크게 다르지 않지만(집안의 모습을 머릿속에 떠올리고 공간별로 걸어 다니는 방법), '없는 것'을 생각하는 방법은 사람마다 다르다.
- '있는 것'은 금방이라도 많이 생각해낼 수 있지만, 유한하다.

이것을 표로 표현해보자. 일반적으로 있는 것과 없는 것은 대등한 관계의 반의어처럼 파악되기 쉬우나(도표 5-3 참고), 실제로는 있는 것은 유한하고 없는 것은 무한하다. 앞의 문제를 풀 때도 생각하면 생각할수록 집에 없는 것은 셀 수 없이

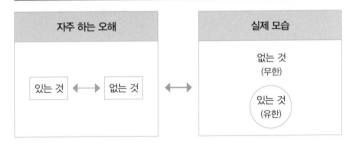

〈도표 5-3〉'없는 것'의 무한성

자주 하는 오해	실제 모습
있는 것 ←→ 없는 것 ←→	없는 것 (무한) / 있는 것 (유한)

존재한다는 점을 깨달을 수 있을 것이다. 예를 들어보자.

- 눈에 보이지 않는 것 (정신적인 것, 개념 등)

- 세상에 존재하지 않는 것

- (SF에 나올 법한) 미래의 것

이처럼 무한히 생각해낼 수 있다. 다만 평소 지식의 세계에서 살아가는 이상 이런 세계관을 가지기는 힘들 수 있다. 어쩌면 그런 가능성을 듣고 '저렇게까지 생각해도 되는지 몰랐다', '답변이 너무 터무니없다'라고 생각할지도 모른다. 하지만 그것이 바로 '고정관념에 사로잡힌' 상태다.

여기서 설명한 '있는 것과 없는 것의 관계'는 '아는 것과 모르는 것의 관계'나 '같은 것과 다른 것'의 관계와도 비슷하다. 물론 후자에까지 사고를 확장하는 것이 바로 '생각하기'다. 나아가 구체적인 아이디어를 만들어내는 프로세스의 차이도 명확하게 알아보자.

이 책에서 반복하여 등장하는 지식형과 사고형의 두뇌 사용법의 차이가 된다. 여기서 말하는 있는 것을 추출할 때 필요한 두뇌 사용법이란 머릿속에 그린 것을 열거하는 방식이다. 머릿속에 그린 구체적인 대상을 그대로 답으로 쓰면 된다.

반면 없는 것을 생각해낼 때는 지금 집에 있는 것의 반대를 떠올린다. 집에 들어가는 물건의 반대인 들어가지 않을 만큼 큰 물건이나 살 수 없을 정도로 비싼 물건 등을 떠올리는 방식으로, 직접 머릿속에 그리지 못하더라도 특정 시점을 통해 답을 얻을 수 있다. 그런 시점을 통해 얻은 답을 구체화하여 개별적 아이디어로 발전시키는 게 없는 것을 생각해내는 사고법이다.

이런 연습을 통해 지식형과 사고형의 두뇌 사용법을 이해했는가? 지금부터 두뇌 사용법의 차이를 설명할 때도 이런

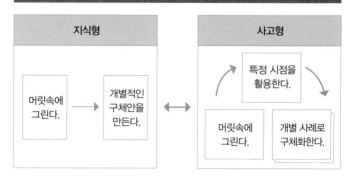

〈도표 5-4〉 지식형과 사고형의 두뇌 사용법 차이

구도가 자주 등장하는데, 이것이 생각하기의 기본이기 때문이다.

연습문제 15

※ 있는 것과 없는 것을 생각해내기 위한 서로 다른 사고회로를 익히기 위한 연습이다. 지금까지 "읽어본 책"과 "읽어본 적이 없는 책"을 각각 1분 동안 생각해서 목록을 만들어보자.

읽어본 적이 없는 책에 대해서는 "존재하지만 아직 읽지 않은 책"뿐만 아니라 "지금 존재하지 않는 책"을 어디까지 상상할 수 있는지 도전해보자.

읽어본 책

읽어본 적이 없는 책

04

수단이 목적이 되는 순간
사고 정지 상태가 된다

수단은 알기 쉽고 눈에 쉽게 보이지만, 그 너머에 있는 목적은 잘 보이지 않아서 '수단의 목적화'가 자주 일어난다. 목적은 눈에 보이지 않아서, 보고 있는 사람 혹은 보려고 하는 사람에게만 보이지만 수단은 누구나 알아보기 쉬운 형태로 존재한다.

- 회의는 의사결정과 정보 공유를 위해서 하는데, 회의 자체가 목적이 된다.
- 예산은 목표를 달성하기 위해 필요한데 언제부턴가 예산을 얻고

그것을 무조건 다 쓰는 것이 목적이 된다.

• 자동화에 따른 기계나 ICT 도입은 작업의 효율성을 높이고 고객의 이해를 돕는 등 상위 목적을 위해 했으나, 어느새 그 자체가 목적이 된다.

• 사람들이 행복하게 살아가기 위해 제정한 법률과 규칙이 언제부턴가 사람들을 구속한다.

이런 예들은 얼마든지 있다. 이렇게 수단의 목적화가 일어나는 주된 배경 중 하나는 사고 정지다.

수단은 눈에 쉽게 보이지만, 목적은 눈에 잘 보이지 않아서 잊어버리기 쉽다. 그래서 이런 본말전도 현상은 끊임없이 일어난다. 이런 사태를 개선하기 위해 필요한 '상위 목적 의식하기'는 뒤에서 설명할 예정이다.

연습문제 16

※ 다음 항목의 어느 부분이 "수단의 목적화"가 되었는지 생각해보자.

- 학비를 벌기 위해 잠도 줄여가면서 아르바이트를 하다가 강의에 들어가지 못한 학생
- 판매량 달성을 위해 다른 사업부와 정보를 공유하지 않는 사업부 제도
- 예산 획득에 혈안이 된 관공서
- 무조건 당선이 되어야만 뭐든 시작할 수 있는 정치 활동

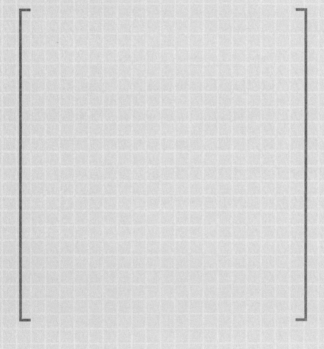

할 일과 하지 않을 일을
판단한다

우리는 매일 다양한 의사결정을 하면서 살아간다. 그래서 우리가 하는 일을 단순하게 표현하면, 무엇을 하고 무엇을 하지 않을지 판단하는 것이라고 할 수 있다. 그러나 사실 우리는 대부분 무엇을 할지에 대해서는 항상 생각하지만, 무엇을 하지 않을지에 대해서는 그렇게 깊이 생각하지 않는다. 그래서 하고 싶은 일은 점점 늘어나서 늘 시간이 부족하다고 투덜대기 일쑤다.

이런 상황을 피하기 위해서는 전략적으로 생각해야 하는데, 그 방법 중 하나는 하지 않을 일을 먼저 정하는 것이다.

이 역시 잘 보이지 않는 것에 눈을 돌리는 일의 중요성을 나타낸다고 할 수 있다.

마찬가지로 뭔가를 할 때 할 일 목록을 만드는 것은 쉽게 떠올리지만, 하지 않을 일의 목록을 만드는 일은 별로 없다. 예를 들어 이직을 하거나 사업을 시작할 때 혹은 해외로 이민을 갈 때처럼 미지의 일에 새롭게 도전할 경우, 잘 모르는 만큼 정말로 실행한다면 리스크가 비교적 크다. 그래서 결국은 '조금 더 상황을 지켜보자'라는 결론에 다다르기 쉽다.

현상 유지에 대한 리스크, 도전하지 않아서 생기는 리스크를 생각하면 사실 그쪽도 크기 때문에 자칫 무모해 보이는 일도 이치에 맞는다는 결론이 나올 수 있다. 이 점을 염두에 두면 보이는 것에 시선이 가기 쉬운 우리의 심리적 편향을 교정하는 데 도움이 된다.

연습문제 17

※ 자신이 하지 않을 일, 중요하게 여기지 않는 것의 리스트를 만들어
보자.

※ 새롭게 도전하고자 하는 일, 특히 리스크가 커 보이는 일(투자, 이
직, 해외 이민 등)과 관련하여 했을 때 발생하는 리스크와 하지 않
았을 때 발생하는 리스크에 대해 생각해보자.
(원가를 결정할 때 이렇게 해보면 결심이 서므로, 회사를 그만두고 싶은
생각 들 때 등 꼭 해보기를 추천한다.)

개별 현상에서 관계성을 찾는 연습

다음으로 이야기할 보이는 것은 하나하나의 개별적 사실과 대상, 예를 들어 사람, 회사 혹은 물체 등이다. 반면 보이지 않는 것은 그들의 연결이다. 연결은 곧 관계성이라고 할 수도 있다.

예를 들면 원인과 결과의 관계인 인과관계가 있다. 사슬처럼 얽혀 있는 연결은 실제로 눈에 보이지는 않는다. 어디까지나 사람이 머릿속에서 연결하는 것이다. 그러면서 우리는 다양한 법칙을 발견하거나 앞일을 미리 예견함으로써 과학기술과 정신적인 풍요를 발전시켜왔다.

지금까지 말한 대로 생각하기는 보이지 않는 세계로 사고를 확장해나가는 것이다. 이런 관계성을 찾아낸다는 점에서 보면, 생각하기의 또 다른 측면이 보인다. 생각하는 사람(관계가 보이는 사람)과 생각하지 않는 사람(관계가 보이지 않는 사람)의 차이는 이런 눈에 보이지 않는 연결을 볼 수 있는지 없는지로 나뉜다.

이제 연결이란 무엇인지, 이제까지 언급한 내용도 포함하여 그 대표적인 사례를 생각해보자.

- 원인과 결과를 잇는다. (인과관계)

- 부분과 전체를 잇는다. (전체조감)

- 수단과 목적을 잇는다. (수단과 목적의 관계)

- 현재와 미래를 잇는다. (미래예측)

- 현재와 과거를 잇는다. (인과관계)

- 구체와 추상을 잇는다. (구체화와 추상화)

- 주관과 객관을 잇는다. (메타인지)

- 자신의 세계와 상대방의 세계를 잇는다. (타자의 시점에서 생각하기)

이러한 A와 B를 잇는다고 할 때 각각의 A와 B에 해당하는 말은 서로 대등하지 않다. 한쪽이 '지금, 바로, 여기' 있는 구체적인 성격이 강한 반면, 다른 한쪽은 '미래 혹은 과거의 눈에 보이지 않는 큰 것'이다.

이것은 앞에서 말한 보이는 것과 보이지 않는 것의 관계와 꽤 유사하다. 중요한 점은 생각하지 않는, 지식과 경험만이 바탕이 되는 눈에 보이는 세계가 앞부분의 A에 해당하고, 사고 행위를 통해 볼 수 있게 되는 눈에 보이지 않는 세계가 뒷부분 B에 해당한다는 점이다.

앞에서 언급한 심리적인 인지 편향을 없애는 방법 역시 여기서 찾을 수 있다. 자칫하면 A의 영향을 심하게 받아 생기는 편향을 B를 의식하면서 극복할 수 있다.

상대편 관점으로 전환해본다

역사상 유례없는 천재라는 평을 듣다가 2017년 6월 은퇴를 표명한 쇼기(일본식 장기-역주) 선수 가토 히후미는 대국 중 상대방의 등 뒤에 서서 장기판을 보는 버릇이 있다. 상대방의 시점에서 생각하기 위해서일 것이다.

프로 기사라면 실제 장기짝을 쓰지 않아도 머릿속에서 충분히 시뮬레이션을 해볼 수 있을 것이다. 하지만 굳이 물리적으로 그렇게 하는 이유는 글자 그대로 상대방의 위치에 서보고 비로소 진정한 의미에서 상대방의 시점을 이해할 수 있기 때문이다. 이만큼 상대방의 시선에서 생각하기란 어려운 일이다.

이런 발상은 생각하기의 원점을 나타낸다. 사고의 편향을 비롯하여 이 책에서 여러 번 말한 대로 생각하기의 원점에 '자기 중심적 사고에서 벗어나기'가 있다. 이것은 글자 그대로 상대방 시선에서 생각하기의 좋은 실천 방법이다.

말하자면 자기 자신에게서 '유체이탈'하여 '상대편의 관점에서 자신을 바라보는 것'이다. 상대편이란 공간적으로 생각하면 앞에 나온 예처럼 '상대방의 시점에서'나 '최종 목적지에서'라고 할 수 있지만, 시간적으로 생각하면 '미래에서'가 된다. 또한 논리적 흐름의 관점에서 말하면 '결론에서'라고도 할 수 있다.

'자신의 시점에서'가 아니라 '상대방의 시점에서', '현재에서'가 아니라 '미래에서', '수단에서'가 아니라 '목적에서', '근거에서'가 아니라 '결론에서', 생각하고 말하는 것이 생각하기로 이어진다. 다시 말해서 〈도표 5-5〉의 왼쪽은 사람이 자연스럽게 행동하면 발현되는 사고회로이며, 오른쪽이 일부러 의식해야 움직이는 사고회로다.

이 책에서 거듭 말했듯이 생각하기는 인간이 원래 지니고

자신	상대편
• 자신 • 현재 • 수단 • 근거	• 상대방 • 미래 • 목적 • 결론

있는 사고 습관에서 벗어나는 것을 의미한다.

그러므로 여기서 말하고 있는 '왼쪽에서 오른쪽으로' 또는 '자기 쪽에서 상대편으로'라는 관점 전환도 그런 사고 습관 교정의 한 예라고 말할 수 있다.

자신의 관점에서 일방적으로 말하고 있는가?

영업 담당자의 세일즈 토크나 프레젠테이션 자리에서 자주 볼 수 있는 모습은 '자사의 제품이 얼마나 좋은지', '자신의 아이디어가 얼마나 훌륭한지'를 주장하는 데 일관하는

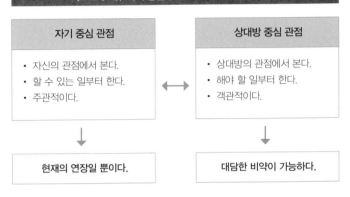

〈도표 5-6〉 자기 중심 관점 vs. 상대방 중심 관점

자기 중심 관점	상대방 중심 관점
• 자신의 관점에서 본다. • 할 수 있는 일부터 한다. • 주관적이다.	• 상대방의 관점에서 본다. • 해야 할 일부터 한다. • 객관적이다.
↓	↓
현재의 연장일 뿐이다.	대담한 비약이 가능하다.

것이다.

듣는 사람은 무엇을 듣고 싶은지, 그것이 상대방에게 어떤 의미를 가지는지를 생각하지 않는 것은 전형적인 자기 중심적 사고다. 자사 제품의 성능이 경쟁사와 어떻게 다른지 장황하게 설명한 후 가만히 듣고 있던 고객에게서 "그래서 무슨 말이 하고 싶은 겁니까?"라는 말을 들은 적이 있다면, 자신의 관점에서 일방적으로 말하고 있었다는 뜻이다.

상대방의 입장에서 보기는 상당히 응용 범위가 넓은 사고법이다. 자신의 관점에서 볼 때와 상대방의 관점에서 볼 때

움직이는 사고회로를 비교해보자(도표 5-6 참고).

자기 중심의 편향적 태도에서 완전히 벗어나기란 불가능하지만, 이처럼 다양한 시점을 활용하여 상대방의 입장에서 바라보는 습관을 들이는 것은 사고 정지 상태를 피하기 위해 상당히 중요하다.

연습문제 18

※ 상사에게 자신이 어떻게 보일지 혹은 반대로 부하에게 어떻게 보일지 "상대편에서 장기판을 바라보는" 방법으로 생각해보자.

※ 상사나 부하가 없는 사람은 배우자나 연인, 형제, 부모 혹은 자식, 친구, 새로 만난 사람에게 자신이 어떻게 보일지 생각해보자.

08

비약하지 말고
논리적으로 연결한다

즉흥적으로 행동하는 A와 상사 B의 대화

B: 자네는 왜 지난달까지 계속 판매 실적이 저조했던 이 제품이 다음달 에 5퍼센트 신장할 거라고 생각하나?

A: 그냥 이제 슬슬 오를 때가 된 것 같아서요.

B: 그 기분은 이해하지만, 그래도 그건 그저 자네의 직감이잖나? 왜 그 렇게 생각했지?

A: 그건 그렇지만, 왜냐고 물으셔도 할 말이 없습니다. 미래의 일이니 자 료가 있는 것도 아니고요…….

생각하는 사람과 생각하지 않는 사람의 차이 중 하나가

'현상의 이유를 생각하고 있는지 아닌지'다. 생각하는 사람은 늘 이유를 찾는다. 앞의 대화 내용처럼 즉흥적으로 행동하는 사람의 개별적 행동에는 이유가 없다. 물론 본인 나름대로는 뭔가 이유가 있겠지만, 다른 사람은 그 이유를 이해하기 어렵다.

즉흥적으로 생각하는 사람이 아무것도 생각하지 않는 사람보다는 더 낫지만, 즉흥적이라는 말은 부정적인 문맥에서 쓰이는 경우가 많다. 예를 들어 '그 사람은 즉흥적으로 말하기 때문에 말에 일관성이 없다', '즉흥적으로만 행동하면 주변 사람들을 힘들게 한다'처럼 말이다. 즉흥성이 왜 문제가 되는 걸까?

사려 깊은 사람의 말은 모두 이어져 있다

앞에서 나온 '일관성이 없다'라는 말은 언행 하나하나에 연계성이 없다는 뜻이다. 뒤집어 생각하면 즉흥적이지 않고 생각이 깊은 사람의 언행은 모두 연계성이 있다는 의미가 된다. 이것은 논리적이라는 말과 같다.

이 책에서는 '논리적'이라는 말을 '누구에게든 이야기가 이어진다'라는 뜻으로 정의한다. '누구에게든'이라는 말은 주관성의 반대인 객관성을 뜻하며, 대개 논리적이려면 본인 외의 다른 모든 사람에게 이야기가 통해야 한다.

또 다른 예를 들어 즉흥적인(=연결되어 있지 않은=비약하고 있는) 것과 논리적인(=연결되어 있는) 것의 차이를 알아보자.

〈도표 5 7〉과 같은 구노의 도식표는 앞으로도 계속 등장할 예정이니 눈여겨보도록 하자. 양쪽 표의 왼쪽 아래는 눈에 보이는 구체적인 말과 행동이다. 논리적으로 이어져 있다는 것은 눈에 보이지 않는 수준에서의 관계성이 존재하고 있다는 뜻이다. 이러한 개별적 현상과 현상의 관계성을 우리는 다양한 형태로 발견할 수 있다.

예를 들어 날씨 예보와 달리 갑자기 비가 내려 편의점에서 급하게 우산을 산다든가 국가 정세가 불안정해지면 그 국가의 화폐 환율이 내려간다. A가 일어나면 B가 일어나는 것 혹은 일어날 가능성이 높아지는 것이 인과관계라는 관계성의 예다.

이런 인과관계도 앞에서 설명한 추상화(표에서는 위쪽으로

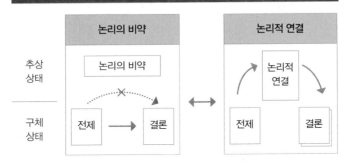

〈도표 5-7〉 논리의 비약과 논리적 연결의 비교

올라가는 과정에 해당)에 의해 다양한 현상의 관찰에서 법칙이 만들어지는 것도 모두 사고 작용의 산물이다. 게다가 그 법칙을 통해 다음에 일어날 일을 예측하는 과정은 표에서 보면 '아래로 내려가는' 구체화에 해당한다. 이처럼 논리적으로 생각하기도 이 책이 말하는 기본 동작을 응용한 사고법 중 하나다.

여러 구체적인 현상에서 눈에 보이지 않는 일반 법칙을 끌어내고 거기서 또다시 구체적인 현상을 예측하는 것이 생각하기의 기본이다. 전자는 귀납적 추론, 후자는 연역적 추론이라고 부른다.

09

세상 모든 일에 '왜?'라고 묻는다

보이지 않는 것을 연결하기 위해 꼭 필요한 요소 중 하나가 '왜?'라는 질문이다. 사실 '왜?'라는 말은 '무엇', '어디서', '누가', '언제' 등 나머지 4W에 해당하는 의문사와 결정적으로 다른 특징을 가지고 있다.

단적으로 말하면 '왜(Why)'는 생각하기를 위한 의문사이며, 나머지 4W(What, Where, Who, When)는 지식을 위한 의문사다. 이러한 의문사의 차이는 〈도표 5-8〉에서 확인할 수 있다.

〈도표 5-8〉 '왜(Why)?'는 생각하기를 위한 의문사

그 외의 4W	←→	Why
점	←→	선(관계성)
반복할 수 없다.	←→	반복할 수 있다.
구체화를 위해 쓰인다.	←→	상위 목적을 묻는다.
지식의 의문사	←→	사고의 의문사

사고의 본질은 관계성 발견이다

'왜를 다섯 번 반복하라'라는 말은 도요타자동차를 비롯한 제조업 공장 현장에서 자주 쓰는 말이다. 그러나 다른 의문사는 반복할 수 없다. 그 이유 역시 이 '왜'라는 의문사의 특수성에 있다. 비교표에 나와 있는 것처럼 '왜'만이 관계성

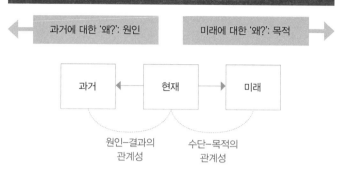

〈도표 5-9〉 사고회로를 움직이는 'WHY'

| 과거에 대한 '왜?': 원인 | 미래에 대한 '왜?': 목적 |

과거 ← 현재 → 미래

원인-결과의 관계성 　　수단-목적의 관계성

을 나타내는 의문사이기 때문이다.

이러한 눈에는 보이지 않는 관계성을 발견하는 것이 사고의 본질이다. 또한 '왜'는 크게 두 가지 관계성을 나타낸다. 과거와의 관계성(원인과 결과의 관계)과 미래와의 관계성(수단과 목적의 관계)이다(도표 5-9 참고).

스스로 생각하는 핵심 키워드 'WHY'

실천 단계에서 '왜'가 쓰이는 경우는 일상적 행동의 상위 목적을 생각할 때다. 직장에서 지시를 받았을 때, 들은 대로만 일하는 경우와 그 지시의 상위 목적을 생각하면서 일하는 경우는 결과가 크게 달라진다.

예를 들어 사무실에서 누군가가 책상을 사무실 밖으로 내다 놓으라고 말했다고 가정해보자. 들은 대로만 따른다면, 책상을 사무실 밖으로 내놓기만 하면 된다. 하지만 그 지시의 상위 목적을 확인해보니 '내일 있을 고객 방문을 준비하기 위해서'였음을 알게 되었다고 하자.

그렇다면 책상 외에도 밖으로 내놓아야 하는 다른 물건은 없는지, 반대로 다른 방에서 가져와야 하는 것은 없는지 생각할 수도 있다. 그러면 이런 생각도 가능해진다.

- 굳이 말하지 않아도 할 일이 더 있는 것을 알아챈다.
- 어쩌면 책상은 밖에 내놓지 않는 편이 나을지도 모른다.

그 밖에도 해야 할 일을 생각해보고 능동적으로 제안할 수도 있다. 이처럼 그저 들은 대로만 행동하는 사람과 상위 목적(=왜?)을 생각하면서 그 앞을 내다보는 사람 사이에는 큰 차이가 생긴다.

'왜'는 스스로 생각하기를 위한 중요한 키워드다. 어린 아이도 잘 알고 있는(오히려 아이들이 더 잘하는) 간단한 질문이지만, 그것을 어디까지 활용할 수 있는지에 따라 사고력이 크게 달라진다.

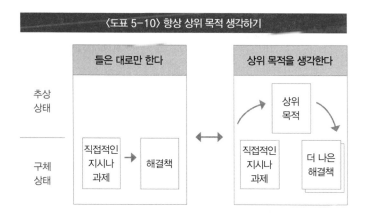

〈도표 5-10〉 항상 상위 목적 생각하기

객관적 시점을 유지해야
치우치지 않는다

반복해서 말하지만 사고에 대해 설명할 때 전체를 조감하는 시점, 즉 메타 시점을 빼고는 말할 수 없다. 고정관점에서 벗어나고 자기 중심적 시점에서 탈피하여 사실을 편견 없이 보는 태도는 새로운 것을 창조하기 위해서도 꼭 필요하다.

그러기 위해서는 자신이 보고 있는 바는 어차피 부분일 뿐이라는 사실을 의식하고 '유체이탈'한 시점에서 자신이 처한 상황을 객관적으로 봐야 한다. 그것을 위한 사고법에 대해 알아보자.

먼저 자신을 객관적으로 보기, 그리고 그것을 위해 위에서 전체를 내려다보는 자세는 매우 중요하다. 〈도표 5-11〉을 보자.

우리가 사물을 보는 시점은 크게 두 가지다. 하나는 지상에서 보는 자신의 시점이고, 나머지 하나는 마치 유체이탈한 듯 또 다른 자신이 상공에서 보는 시점이다. 구체적으로 어떻게 다른지 예를 들어 생각해보자.

가령 가장 가까운 역에서 근처 레스토랑을 알려주는 등 특정 장소로 가는 길을 설명할 때, 자신이 역에서 걸어간다고 생각하고 개찰구를 빠져나오는 순간부터 설명하는 사람과 마치 지도를 그리듯이 상공에서 내려다보는 시점에서 설명하는 사람이 있다. 물론 이 두 방법을 조합하여 설명하는 것도 가능하다.

지상 시점의 장점은 구체적인 이미지를 떠올려 이해하기 쉽다는 점이다. 반면 말하는 사람과 듣는 사람이 이미지를 공유할 수 없을 때는 터무니없는 오해를 불러일으킬 가능성이 있다. 서로 좌우를 착각하더라도 그 사실을 깨닫기가 쉽지 않다.

이에 비해 상공에서 내려다보는 시점은 이미지를 그리기가 어렵기 때문에 사실감이 부족하긴 하지만, 큰 오해가 발

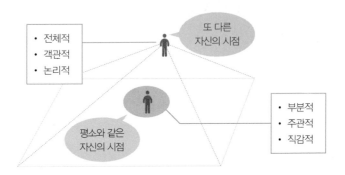

〈도표 5-11〉 전체를 내려다보는 시점의 중요성

또 다른
자신의 시점

• 전체적
• 객관적
• 논리적

평소와 같은
자신의 시점

• 부분적
• 주관적
• 직감적

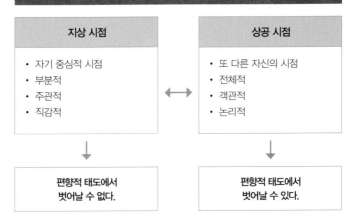

〈도표 5-12〉 지상 시점과 상공 시점의 차이

지상 시점	상공 시점
• 자기 중심적 시점 • 부분적 • 주관적 • 직감적	• 또 다른 자신의 시점 • 전체적 • 객관적 • 논리적
편향적 태도에서 벗어날 수 없다.	편향적 태도에서 벗어날 수 있다.

생할 가능성은 낮다.

설명할 때 쓰는 어휘도 다르다. 전자는 '좌우'라는 말을 쓰는 반면 후자는 '동서남북'이라는 말로 설명한다. 좌우는 보는 사람의 시점에 따라 변한다. 서로 마주 보고 있는 사람의 좌우는 정반대가 된다. 하지만 동서남북은 누구에게나 같은 방향을 가리킨다. 이것이 주관적 시점과 객관적 시점의 차이다.

좋든 싫든 주관적 시점은 사실감은 있지만 오해가 생기기 쉽고, 객관적 시점은 사실감은 떨어지지만 오해가 생길 확률이 낮다. 즉 객관적 시점은 앞에서도 언급한 개인이 가지고 있는 주관적 시점의 편견과 심리적 편향에서 벗어날 수 있게 한다.

생각하기는 전체를 내려다보는 또 다른 자신의 시점을 통해 편향을 교정하는 일이라고도 할 수 있다. 주관적인 지상 시점은 의식하지 않아도 누구나 자연스럽게 가질 수 있는 시점이지만, 상공 시점은 노력하고 연습하지 않으면 가질 수 없다. 그래서 생각하는 습관이 꼭 필요하다.

〈도표 5-13〉 자기 시점과 전체 시점의 체크리스트

자기 시점		전체 시점
• 시간 안에 완성하지 못했다. • 그림이 너무 크거나 작다. • 역이 그림의 중앙에 있다. • 역에서 집으로 가는 길을 순서대로 설명했다. • 역에 내려 걷기 시작한 순간부터 설명했다. • 좌우라는 말로 방향을 나타냈다.		• 시간 안에 완성했다. • 그림 크기가 적당하다 • 역이 그림의 끝에 있다. • 먼저 전체 모습부터 설명했다. • 상공에서 내려다보듯이 설명했다. • 동서남북이라는 말로 방향을 나타냈다.

※ A4 혹은 B5 크기의 백지를 준비하여 자신의 집과 가장 가까운 역에서 집까지 가는 길을 3분 동안 설명하고 다른 사람에게 지도를 그리라고 해보자.
  • 설명은 말로만 한다.
  • 그리고 있는 도중에 지도를 보지 않는다.
  • 몇 호선의 어느 역인지 말하지 않는다.

※ 3분 후, 〈도표 5-13〉의 체크리스트로 상대방이 어떻게 그렸는지 확인해보자.
  체크리스트의 왼쪽은 자기 시점, 오른쪽은 전체를 내려다보는 시점으로 지도를 그린 경우, 실제로 일어날 수 있는 결과를 정리한 것이다. 새삼 자신의 사고회로가 어느 쪽에 해당하는지 확인해보고, 다시 한번 한다면 어떻게 해야 할지 생각해보자.

부분 말고 전체를 보는 습관

앞에서 말한 위에서 내려다본다는 말을 달리 하면 전체를 본다는 뜻이다. 전체에 대비되는 말은 부분이므로, 부분과 전체는 무엇이 다른지, 그 차이를 생각해보자. 〈도표 5-14〉을 보자.

편의상 전체라고 말하지만 사실 진정한 의미로 절대적인 전체란 존재하지 않는다. 전체상이라고 말하더라도 그것에는 반드시 특정 전제 조건이 붙는다.

가령 어느 회사의 전체상을 그린다고 했을 때 수치적인 면에서의 전체상인지, 인재나 조직을 나타내는 전체상인지

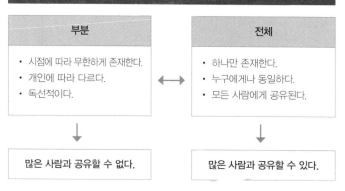

〈도표 5-14〉 부분과 전체의 구분

부분		전체
• 시점에 따라 무한하게 존재한다. • 개인에 따라 다르다. • 독선적이다.	↔	• 하나만 존재한다. • 누구에게나 동일하다. • 모든 사람에게 공유된다.
↓		↓
많은 사람과 공유할 수 없다.		많은 사람과 공유할 수 있다.

노하우 등 보이지 않는 부분까지 포함하는 전체상인지에 따라 그림이 달라진다.

하지만 중요한 점은 전체상은 누구에게든 정의가 같고, 특정 범위를 가리킨다는 점이다. 반대로 부분은 사람에 따라 정의가 달라서 오해를 일으킬 수 있다. 다른 사람과 공유할 수 없는 부분을 마음대로 전체라고 착각하는 일이 앞에서 말한 편향의 토대가 될 수 있다는 사실이 문제다.

예를 들어 자신이 경험해온 인생은 이 세상의 극히 작은 일부분에 불과하다. 그런데도 타인이 처한 상황이 자신과 같다고 착각하여 본인의 성공담이 다른 사람에게도 통용된다고 믿는 사람들이 있다. 바로 부분을 전체라고 착각하는 사람들이다.

이런 경우에는 자신이 이야기하고 있는 전체상은 일정 범위를 전제하고 있다는 사실을 명확히 밝혀야 한다. 그래야 오해를 최소화할 수 있다. 이것이 전체를 보는 방법이다.

앞에서 언급했듯이 뭔가를 옳다고 단정하는 사람의 사고 회로는 부분을 전체로 착각하는 사례의 전형이다. 자신이 보고 겪어온 세계가 세상의 극히 작은 일부라는 사실을 알고 있다면, 타인이 하는 일이 옳은지 그른지 쉽게 말할 수 없다. 이런 경우에는 상대방과 자신이 보고 있는 세계가 정말 같은지, 충분히 확인해야 한다.

2장에서 소개한 상류와 하류의 시점을 혼동하는 것이 바로 부분을 전체라고 착각하는 경우에 해당한다. 상류의 특성을 가진 일과 생활을 해온 사람은 하류의 특성을 지닌 터전에서 살아온 사람의 세계를 이해하지 못하고, 그 반대도 마찬가지다.

가치관은 보고 있는 세계에 따라 달라질 수 있으므로, 자신의 가치관을 다른 사람에게 강요하는 행위는 부분을 전체라고 착각하는 사람이 쉽게 저지르는 잘못이다. 그럴 때 필요한 것이 전체상을 공유하는 자세다.

6장

싱킹프레임의
최고 경지
구체화와 추상화

■

앞 장에서는 보이지 않는 것을 연결하는 방법을 다양한 측면에서 살펴봤다. 계속해서 6장에서는 생각하는 대상으로서 보이지 않는 것의 본체라고도 할 수 있는 '추상'과 보이는 것인 '구체'를 연결하는 법을 설명하고자 한다.

일부러 이 조합을 골라서 하나의 장으로 구성한 이유는 생각을 할 때 '구체와 추상 사이를 왕복하는 것'이 매우 중요하기 때문이다.

또한 5장에서 소개한 다양한 '보이는 것'과 '보이지 않는 것'의 상위개념이 이 구체와 추상의 관계라고도 할 수 있다. 알아두어야 할 점은 다른 개념들과는 차원이 다르다는 점이다. 그럼 사고의 본체로서 구체와 추상을 살펴보자.

보이지 않는 공통점을 찾는다

인간의 지적 능력의 원천은 하나의 경험을 지식으로 쌓아 그것을 응용하는 것이다. 하나하나의 개별적인 사실과 현상에 개별적으로 대응하는 것만으로는 응용할 수 없다. 이 사고방식의 기본에 있는 것은 복잡하고 모두 다르게 보이는 우리 주변의 현상들이다. 그 현상들이 사실 몇 안 되는 기본 원리를 토대로 움직이고 있는 것이다.

물리 현상으로 말하면 뉴턴의 관성의 법칙 등 역학 법칙이나 맥스웰의 전자기학 법칙 등이 있고, 인간의 심리로 말하면 자기 중심적 관점이나 자신과 타자의 차이 등이 그 원리에 해당한다. 이러한 원리는 대상이 무엇이든 대개 들어 맞기 때문에, '동일하게 보이는 일'이 어떤 세계에서든 유사한 형태로 일어난다.

그래서 이 패턴을 찾아내면 일일이 배우지 않아도 된다. 이른바 '하나를 알면 열을 알게 되는 것'이다. 따라서 이런 여러 가지 정보를 모아서 다루는 능력은 생각하기의 중심에 있으며, 그 능력을 얼마나 습득할 수 있는지가 지적 성장의 열쇠가 된다.

여러 가지 다른 정보를 모아서 다루는 것은 우리 주변의 사실과 현상을 패턴화한다는 뜻이다. 생각하기에 필요한 것은 다양한 현상에서 일정한 패턴을 이끌어내는 것이다.

이 패턴이 과학적으로 증명되면 '법칙'이 된다. 그래서 생각하기는 '공통점을 찾는 일'이라고도 할 수 있다. 다만 여기서 말하는 공통점이라는 것은 단순히 외면적 공통점이 아니라 보이지 않는 공통점을 뜻한다.

앞에서 보이는 것과 보이지 않는 것의 관계에서 봤듯이 '보이지 않는 것을 보는 것'이 바로 생각하기다. 그러므로 보이지 않는 공통점을 찾는 것도 생각하기의 중요한 요소다.

〈도표 6-1〉 다양한 현상에서 공통점 찾기

개별적으로 다룬다	종합하여 다룬다
• 모든 것이 다르다고 전제한다. • 구체적인 수준으로 파악한다. • 응용할 수 없다.	• 근본은 모두 같다고 전제한다. • 추상화한다. • 응용할 수 있다.

↔

특수적이라는 생각 = 사고 정지	공통점을 찾아서 응용한다.

〈도표 6-2〉 '보이는 공통점'과 '보이지 않는 공통점'의 차이

구분	보이는 공통점	보이지 않는 공통점
원근도	가깝다.	멀다.
표층도	표층적	근본적, 본질적
관계성	속성	관계, 구조
발견 난이도	쉽게 찾을 수 있다.	찾기 어렵다.
구체성	구체적	추상적

그렇다면 보이는 공통점과 보이지 않는 공통점은 어떻게 다를까? 〈도표 6-2〉를 보면서 생각해보자. 반드시 흑백으로 나눌 수 있는 것은 아니지만, 보이지 않는(혹은 보기 힘든) 공통점의 이미지를 파악하는 데 도움이 될 것이다.

보이지 않는 공통점이란 본질적인 것으로, 종종 관계성이라는 형태로 나타난다. 발견하기 어려운 추상적인 것이다. 그럼 보이지 않는 공통점을 찾으면 어떤 이점이 있을까?

먼저 앞에 나온 법칙의 이야기와 관련하여 설명하면 이해가 쉬울 것이다. '보이지 않는 공통점=법칙'이라고 생각하면, 법칙을 알면 얻을 수 있는 이점을 생각하면 된다.

법칙을 알면 모든 것을 경험하지 않아도 다음에 무엇이 일어날지 예상할 수 있다. '저녁놀이 지면 다음날 날씨가 맑은 가능성이 높다'라는 법칙을 알면 전날 저녁에 다음날 날씨를 예측할 수 있다. 여기서 '보이지 않는 공통점'은 '어느 날의 저녁놀 상황'과 '내일의 날씨'라는 관계성이다. 이런 관계는 10년 전이나 현재나 어느 곳에서도 동일하게 맞아떨어지면 공통 패턴이 된다.

이러한 관계성을 비롯해 보이지 않는 공통점을 알면 알수록 여러 사실, 현상, 정보, 지식이 유기적으로 이어져 지(知)의 세계가 비약적으로 확장될 수 있다. 그것은 나중에 소개할 창조성과도 관계가 있다. 아이디어 창출은 얼핏 보면 '번뜩이는 재치'라는, 설명하기 힘든 천성에서 나온다는 말도 하지만, 그 말이 반드시 맞는다고 할 수는 없다.

순간의 재치에도 사실은 이러한 보이지 않는 공통점의 축적이 큰 부분을 차지한다. 나중에 나올 '유추' 즉, 멀리 떨어진 대상을 연결하는 발상이 바로 보이지 않는 공통점을 찾아 얻을 수 있는 산물이다.

참신해 보이는 아이디어도 사실은 대부분 그 분야에서는 참신해도 다른 분야에서는 이미 실현되고 있는 경우가 많다. 다양한 정보를 종합하여 다루고, 공통점을 찾아 패턴화하는 것이 추상화다. 추상화는 지식의 암기와 어깨를 나란히 하는 인간 지성의 핵심이며 적어도 현재로서는 AI도 대적할 수 없는 인간 고유의 능력이다.

구체와 추상을 왕복한다

회사 동료들의 대화

A: 우리 팀 상사의 지시는 항상 추상적이라서 무슨 뜻인지 잘 모르겠어.
'더 고객의 마음을 움직일 수 있는 것', '더 참신한 것'이라고 하는데,
대체 뭘 원하는지 묻고 싶어.

B: 그건 '그다음은 스스로 생각하라'라는 뜻 아니야? 네 나름대로 생각
할 수 있는 여지를 남겨두는 거 아닐까?

A: 아닌 것 같아. 그냥 자기도 잘 모르는 것처럼 보여.

구체적이란 형태를 띠고 있어 이미지를 떠올리기 쉽고 직
접적이라서 누구든 알기 쉬운 것이다. 다른 사람에게 설명할

때는 구체적으로 설명해야 한다. 반면 추상적이란 말은 '그 사람이 말하는 것은 추상적이라서 모르겠어' 혹은 '방법이 추상적이라서 실천하기 어려워'와 같이 일상에서 대개 부정적인 뉘앙스로 자주 언급된다.

그럼 예를 통해 구체와 추상의 특징을 살펴보자(도표 6-3 참고).

이 책에서 자주 등장하는 키워드가 여기서도 중복되어 나오는데, 바로 생각하기의 근본은 모두 이어져 있기 때문이다. 인간의 지적 능력이 다른 동물에 비해 압도적으로 우월

<도표 6-3> 구체와 추상의 특징

구체	추상
• 직접적으로 보인다.	• 직접적으로 보이지 않는다.
• 실체와 직결된다.	• 실체와 괴리가 있다.
• 하나하나 개별적으로 대응한다.	• 분류하고 종합하여 대응한다.
• 자유롭게 해석할 수 있는 폭이 좁다.	• 자유롭게 해석할 수 있는 폭이 높다.
• 응용할 수 없다.	• 응용할 수 있다.
• 실무자의 분야다.	• 학자의 분야다.

한 이유는 이 구체와 추상 사이를 왕복할 수 있기 때문이다. 즉 생각하기의 대부분은 이런 '구체와 추상의 왕복'으로 이루어진다.

'딥러닝은 추상화를 통해 새로운 식견을 얻는 것

AI 이야기로 돌아가면, 벌써 수십 년 전부터 연구되던 예전의 AI와 현재의 딥러닝 기술의 차이가 바로 여기에 있다.

1980년대 AI의 중심이 된 '엑스퍼트 시스템(Expert System, 전문가 시스템)이라는 문자 그대로 전문가의 지식을 재현하는 인공지능은 기본적으로 전문가의 지식을 그대로 컴퓨터에 입력하여 재현하게 했다. 이때의 기술은 추상화 기능 없이 구체적인 지식만 그대로 재현할 수 있었다.

바둑이나 장기에서 말하면 방대한 '정석'을 입력하여 인간의 능력에 근접하게 하는 것이 기본적인 사고방식이었다. 이에 비해 딥러닝 기술은 방대한 기보를 입력하여 '이기는 패턴'과 '지는 패턴'을 기계가 학습하게 한다. 이기기 위한 법칙을 스스로 찾게 하는 것이다. 즉 일종의 추상화를 통해 AI가 하나를 통해 열을 아는 능력을 갖추기 시작했다는 뜻이다.

한마디로 표현하면 이 책에서 비교해온 '지식과 경험'을 기계가 재현만 하도록 하는 발상에서 '스스로 생각하기(추상화)'를 통해 새로운 식견을 스스로 찾아내게 하는 엄청난 변화가 일어났다.

이 과정에서 발견한 추상도가 높은 일반 법칙을 주변의 일반 현상에 적용하는 것이 구체와 추상의 왕복 운동 중 '되돌아가기'에 해당하는 '추상→구체'로 바꾸는 구체화 작용이다(반대로 '구체→추상'으로 바꾸는 것은 추상화 작용이다).

앞에 나오는 대화의 A처럼 추상성이 높은 지시를 받았을 때, 그 지시를 구체화할 수 있는지 없는지가 사고 정지에서 벗어날 수 있는지 없는지로 이어진다. 추상적이라서 뜻을 모르겠다는 말은 지극히 당연하지만, 여기서 끈기 있게 매달려야 사고의 세계로 발을 들여놓을 수 있게 된다.

다시 말하지만, 구체적인 설명을 듣지 않으면 이해할 수 없다는 것은 전형적인 사고 정지 상태를 의미한다. 구체적인 지시대로 실행하는 일은 기계도 다 할 수 있다.

설명하는 쪽은 자신의 주장을 구체적으로 '마치 밥을 떠먹여주듯이' 알기 쉽게 설명하는 것이 중요하다. 사고력에 관심이 없는 대부분의 사람들은 생각하기를 귀찮아하기 때문에 생각할 필요가 없게끔 설명해줘야 이해받을 수 있다. 이때 추상적인 것을 구체적인 것으로 구현하는 능력이 필요하다. 즉 이 책에서 말하는 사고력으로, 결국 알기 쉽게 설명하려면 사고가 필수적이다.

'떠먹여주다'라는 표현을 썼는데, '구체적인 것=소화되기 쉬운 상태의 잘게 부서진 것', '추상적인 것=잘게 부서지지 않은 것'이라고 생각하면 이 둘의 관계를 한결 이해하기 쉬울 것이다

'사고가 정지된 사람=사고력이 발달되지 않은 사람=아기'라고 생각하면, 갑자기 소화가 잘 안되는 것을 주면 배탈을 일으키고 말 것이다. 반면 영원히 소화하기 쉬운 이유식만 먹여도 소화 능력은 발달되지 않을 것이다.

구체와 추상의 반복 연습

사고 정지는 추상적인 것은 추상적인 것으로 구체화하지 않는 상태, 또한 구체적으로 관찰한 과제는 그대로 구체적으로 해결하려는 것을 의미한다(도표 6-4 참고).

둘 중 어느 쪽도 구체와 추상이 이어져 있지 않다고 할 수 있다. 이 책의 연습문제는 한마디로 구체와 추상의 반복 훈련이다.

일반론을 설명한 후 그것을 자기 주변 상황에 적용해보는

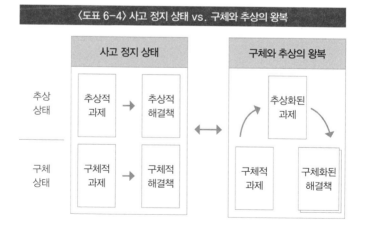

〈도표 6-4〉 사고 정지 상태 vs. 구체와 추상의 왕복

것은 추상성이 높은 메시지를 구체화하는 방법을 훈련하기 위해서다. 따라서 만약 문제가 추상적이라서 모르겠으면, 거기서 포기하지 말고 끈기 있게 매달려 구체화해야 한다. 금방 할 수는 없더라도 열심히 매달려보면 어느 순간 앞이 보여 내뱉지 않고 훌륭하게 소화시킬 수 있을 것이다.

극론으로 논점을 명확히 한다

회사 동료들의 대화

A: 서양인들은 모두 사교적이라서 부러워.

B: 뭐? 그런 게 어디 있어? 내가 아는 C는 엄청 내향적이야.

A: 뭐, 그런 사람도 있겠지만 말이야.

B: 그러니까 '모두'라는 말은 쓰지 않는 게 낫겠어.

추상화는 극론화라고도 할 수 있다. 극론이란 주장의 지엽적인 부분은 모두 자르고 단순하게 말하고 싶은 부분을 강조하는 수단이다. 극론에는 항상 반론이 따라다닌다.

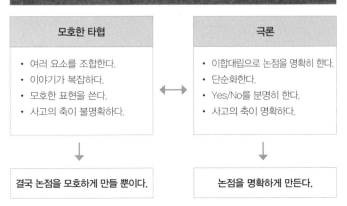

〈도표 6-5〉 극론으로 논점 명확히 하기

모호한 타협	극론
• 여러 요소를 조합한다. • 이야기가 복잡하다. • 모호한 표현을 쓴다. • 사고의 축이 불명확하다.	• 이합대립으로 논점을 명확히 한다. • 단순화한다. • Yes/No를 분명히 한다. • 사고의 축이 명확하다.
결국 논점을 모호하게 만들 뿐이다.	논점을 명확하게 만든다.

예를 들어 '일본인들은 모두 폐쇄적이다'라고 단호하게 말하면, '아니, 그렇게 말하기는 하지만, 안 그런 사람도 있어'라는 반론에 부딪히기 마련이다.

하지만 주장하는 사람은 그런 사실쯤은 충분히 알고 있으면서도 단순하게 일본인의 특징을 뽑아내어 그 특징을 부각시키고 싶었을 뿐이다. 이런 추상화를 통해 다른 나라 사람과 차이 나는 일본인의 특징적 행동을 단번에 설명할 수 있기 때문이다.

앞에 나오는 '그렇게 말하기는 하지만……'이라는 의견은 추상성이 강한 주장에 대한 구체적인 반론으로 논의 자체가 서로 맞지 않다고 할 수 있다. 이 책에서도 종종 등장하는 이항대립 방식은 보이지 않는 추상의 세계를 설명하기 위한 수단이다.

추상의 세계는 구체적인 모양을 띠지 않으므로, '이것은 볼펜', '이것은 컵'과 같은 표현을 쓸 수 없다. 그래서 대개 '개념'이라는 형태를 띤다. 원래 이 개념이라는 것 자체가 추상화의 결과물로, 지엽적인 부문을 깔끔하게 잘라 버리고 요점(본질)만 뽑아낸 것이다.

이런 추상 개념을 설명하기 위한 한 가지 수단이 대립축을 활용하는 방법이다. 이 방법이 반드시 두 개로 나누는 것을 의미하지는 않는다. 지도를 그리기 위해서는 '동서남북' 같은 방향축이 꼭 필요하지만, 이것은 분명 세상을 네 부분으로 나누기 위해 만든 것이다.

하지만 동서남북은 '남과 여', '성년과 미성년'과 같이 명확하게 나눌 수 있는 성질의 것이 아니다. 이런 이해를 기반으로 하면 이 책에서 표현하는 '생각하는 상태'와 '생각하지 않는 상태'를 모두 이합대립으로 표현하는 의도를 이해할 수 있으리라고 생각한다.

그러나 이 사고방식을 전하기 어려운 이유는 이 책에서 계속 지적하고 있듯이 '보이지 않는 것의 세계'에 대해 이야기하기 때문이다. 추상적인 것이 보이는 사람과 보이지 않는 사람의 차이는 이러한 상황에서도 전형적으로 나타난다.

복합적인 것을 한마디로 표현한다

추상화의 한 가지 측면은 복합적인 현상의 포인트만을 단순화하여 '한마디로 표현하는 것'이다. 단순히 다양한 현상의 극히 일부만을 한마디로 표현하는 것이라면 현재의 AI도 가능하다. 하지만 예를 들어 500쪽에 달하는 자료를 '상대방과 상황에 맞게' 3쪽으로 정리하는 일은 상당히 어려운 작업이다.

'요약하면 무슨 이야기인가?'를 생각하는 것은 종합하여 표현하는 추상화의 사고방식에서 매우 중요하다. '요약하면……'이라는 표현을 쓰기 위해서 무엇이 필요한지 생각해보면 이해하기 쉽다.

첫째, 종합하여 정리하기 위해서는 지엽적인 부분을 잘라 버려야 한다. 무엇이 중요하고, 무엇이 중요하지 않은지를 파악하여 중요한 특징을 이끌어내는 것이 추상화 과정이므로, 그 구분이 불가능하다면 종합하여 정리할 수 없다.

둘째, 종합하여 정리하기 위해서는 목적에 따라 중요도가 달라진다는 점을 이해해야 한다. 추상화의 또 다른 포인트는 '특징을 뽑아내는 방식은 목적에 따라야 한다는 것'이다. 목적을 의식하여 그에 맞게 특징을 뽑아내야 요약할 수 있다.

같은 책을 읽어도 사람에 따라 요약한 내용이 서로 다르다. 메시지라는 표현을 쓸 수도 있겠다. 추상화는 목적에 따라 다양한 현상에서 메시지를 파악하는 행위다.

※ 한마디로 표현하는 연습을 해보자.

다음의 평소 쓰는 말을 한마디로 표현해보자. (물론 답은 사람에 따라 그 특징과 의미를 어떻게 설정하느냐에 따라 달라진다. 친구와 함께 해보고 그 차이를 확인해보는 것도 흥미로울 것이다.)

• 돈   • 일   • 부모와 자식의 관계

※ 매년 연말이 되면 항상 발표되는 "올해의 사자성어"처럼 자기 자신은 어떤 한자로 나타낼 수 있는지 생각해보자.

여기서 필요한 것은 추상화 능력으로, 부분을 추출하는 것이 아니다.
• 나쁜 예: 추상적이지 않고 그저 이름의 일부를 따온 글자
• 좋은 예: 다양한 개별 행동에 나타나는 인성이나 개성을 한마디로 표현한 글자. (예: 義, 知, 動, 試)

05

경험의 한계를 알고
함부로 일반화하지 않는다

회사 동료들의 대화

A: 얼마 전에 어느 지역에서 큰 재해가 일어났잖아? 거기 현장에 실제
　로 있었던 사람의 이야기를 어제 들었는데 꽤 인상적이었어.

B: 어떤 점이?

A: 역시 미디어는 믿을 수 없어. 보도된 것과 전혀 다른 상황이었다고
　하더군.

B: 하지만 그것도 한 개인의 이야기잖아. 그 사람의 말이 전부라고 보기
　는 힘들지.

A: 아니지. 이래서 미디어의 정보에 물든 사람은 곤란해. 미디어는 거짓
　말만 한다고.

우리가 인생을 살아가는 데 가장 많이 배우게 되는 배움의 원천이 무엇인지 생각해보자. 학교에서 경험한 교과서를 통한 학과 수업도 있지만, 역시 자신의 과거 경험을 통해 배우는 부분이 가장 크다. 그중에서도 실패는 가장 큰 배움의 원천이다. 다만 여기서 알아야 할 점이 있다. 경험에 따른 배움은 쉽게 편향된 성격을 띨 수 있다는 점이다.

구체적인 개별 경험에 비해 교과서를 통한 학습은 다양한 현상을 관찰하고 그것을 일반화한 법칙을 배우는 것이다. 이론이 그에 해당한다. 여기서 말하는 '구체적인 경험'과 '일반화된 이론'을 〈도표 6-6〉에서 비교해보았다.

서두의 대화에서 A가 느낀 것처럼 '실제 현장에 있었던(혹은 아직도 그 현장에 있는)' 사람의 이야기는 생생하고 사실적이라서 감정에 호소하기에 상당히 설득력이 있다. 그래서 교과서가 아닌 경험, 교실이 아닌 현장이 중시되는 것도 이해가 된다. 하지만 여기에는 큰 함정이 있다.

현장의 경험 역시 많은 사람 중 한 사람(혹은 제한된 소수)의 경험에 불과하다. 그러나 그 설득력 때문에 현장의 의견과 교과서적 의견이 대립되는 경우 사람들은 현장의 의견을

<도표 6-6> 구체적인 경험과 일반화된 이론의 차이

구체적인 경험	일반화된 이론
• 생생하고 사실적이다. • 감정에 호소한다. • 단순한 하나의 현상이다. • 부분적이다. • 구체적이다. • 직접적이다.	• 사실감이 떨어진다. • 감정에 호소하지 않는다. • 많은 현상의 집대성이다. • 총괄적이다. • 추상적이다. • 간접적이다.

믿는 경향이 있다.

앞에서 말한 현장의 경험이 가지고 있는 큰 장점에 비해 결정적인 약점은 그 경험이 결국 극히 일부분에만 해당하는 데도 일반화되어 전달되는 위험성이다. 현장에서 경험한 사람은 수십 명, 수백 명이 있을 것이다.

그 사람들이 모두 같은 경험을 하고 같은 의견을 갖는 것은 불가능하다. 하지만 '현장에 있던 사람이 이렇게 말했다' 라는 식의 발언 뒤에 숨겨놓은 위험성을 안타깝게도 당사자는 알아채기 어렵다. 그래서 현장의 의견 역시 편향에 빠지기 쉽다.

게다가 일반화되면 부분적인 경험이 마치 전체를 나타내는 것처럼 착각해 편향을 일으킬 수 있다. 그래서 앞에서 말한 것처럼 전체를 보는 자세로 이러한 편향을 리셋해야 한다.

마찬가지로 연배가 있는 사람이 말하는 '건강의 비결'도 편향적이라고 말할 수 있다. 예를 들어 '장수의 비결은 매일 산책하는 것이다', '피로를 느끼지 않으려면 과일을 많이 먹어야한다', '숙면을 취하려면 옆으로 누워서 자야 한다' 등의 이야기가 있다. 이 역시 현상의 경험과 마찬가지로 다음과 같은 편향을 내포하고 있을 가능성이 높다.

- 하나의 견본일 뿐인 경험을 일반화한다.
- 다양한 인과관계 중에서 자신의 생각과 맞는 인과관계만을 골랐을 가능성이 높다.(다양한 행동 중에서 자신이 좋았다고 생각하는 것만이 성공의 비결이라고 착각할 수 있다. 부분을 전체라고 생각하는 것이다.)

세상에서 말하는 성공 경험이라는 것은 대부분 이러한 '편견 덩어리'라고도 말할 수 있으나 그런 사실을 깨닫기란 어려운 일이다. 특히 당사자에게는 더욱 그러하다. 이런 편향에서 벗어나기 위해서는 전체를 보는 자세에서 한 걸음 나아가 여러 현상을 보고 추상화·일반화하는 노력이 필요하다.

※ 현장 의견의 편향에서 벗어나기 위한 연습이다.

최근 뉴스에서 보거나 일하면서 경험한 "현장의 의견"(재난 현장에 있는 사람의 의견, 해외에 있는 사람의 의견 등)을 떠올리면서 정말 그것이 "현장에 있는 모든 사람의 생각"으로 봐도 되는지, 다르게 해석할 수 있는지 생각해보자. 어떤 반대 의견을 낼 수 있을까?

이론을 구체화해 행동으로 옮긴다

스스로 생각하기가 서툰 부하 A와 상사 B의 대화

B: 이거 일전에 내가 예를 들어 설명한 거 그대로 아닌가?

A: 아, 그걸 쓰면 안 되는 건가요? 그렇게 말씀하셔서 그대로 한 건데요.

B: 물론 그렇게 말하긴 했지만, 어디까지나 예를 든 거잖나. 내가 정말 원한 건 초보자들도 이해하기 쉬운 자료를 만들어보라는 것이었네.

A: 그렇게 추상적으로 말씀하시면 못 알아듣지요. 구체적으로 어떻게 하면 좋을지 가르쳐주세요.

생각하기는 종합하여 정리하는 것이자 하나를 들으면 열을 아는 것이라고 앞에서 말한 바 있다. 하지만 이를 위해서

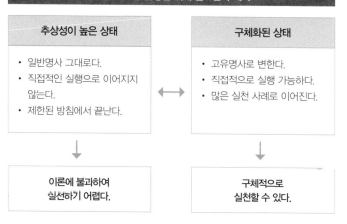

〈도표 6-7〉 실행을 위해 필요한 구체화

추상성이 높은 상태

- 일반명사 그대로다.
- 직접적인 실행으로 이어지지 않는다.
- 제한된 방침에서 끝난다.

구체화된 상태

- 고유명사로 변한다.
- 직접적으로 실행 가능하다.
- 많은 실천 사례로 이어진다.

이론에 불과하여 실선하기 어렵다.

구체적으로 실천할 수 있다.

는 한번 정리하여 규칙화한 것을 다시 구체적인 것으로 만드는 구체화 작업이 꼭 필요하다.

이론과 법칙은 추상성이 높고 범용성이 높은 반면 개별 행동에는 바로 적용하기 힘들다는 특징이 있다. 따라서 이런 이론과 법칙을 자신의 상황에 맞춰 다시 한번 구체화할 필요가 있다. 이때 필요한 것이 추상적인 개념에서 자신의 것으로 구체화하는 능력이다. 상상력의 한 측면이 추상에서 구체를 이끌어내는 힘이라고도 말할 수 있다.

추상화되지 않은 세계는 모두 개별적으로 흩어져 있는 세계일 뿐이며, 구체화가 잘되지 않은 세계는 아무리 시간이 지나도 현실과 괴리된 세계, 사실감이 없는 세계로 남을 뿐이다.

구체적인 현상을 추상화하고, 또 다시 구체화하는 과정을 거치면서 얻은 사고의 결과물이 실제 행동과 성과라는 실천적 형태로 이어진다.

추상적인 형태 그대로의 상태와 추상화된 과제를 구체화한 상태의 차이는 〈도표 6-8〉을 참고하면 한결 이해하기 쉬울 것이다.

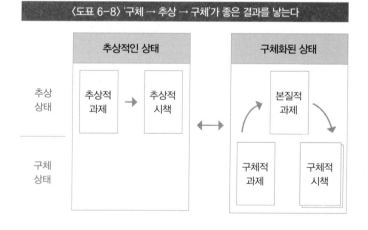

〈도표 6-8〉 '구체 → 추상 → 구체'가 좋은 결과를 낳는다

※ 이 책의 연습문제 중 "자기 주변의 일과 관련 지어" 생각해야 하는 유형의 문제가 있어 힘들어하는 독자도 많을 것이다. 하지만 그것이 모두 구체화하는 연습이 된다.

힌트: 바로 해결하지 못해도 괜찮다. 그 문제들을 머릿속에 넣어두고 일상을 보내다 보면, 어느 순간 갑자기 구체적인 경험으로 이어질 수도 있다.

'생각하기'를 위한 문제의식을 가지는 것은 이런 것이다. 생각하기에는 시간이 걸린다. 어느 날 갑자기 구체와 추상이 이어지는 것도 순간적인 깨달음의 한 형태라고 말할 수 있다.

창조 과정에는
비약 과정이 필요하다

앞에서 말한 '비약하지 않는다'라는 말과 언뜻 모순처럼 보일 수 있으나 생각하기는 이야기를 비약하는 것이다.

'비약하지 않는다'라는 내용에서 논의한 논리적 사고에서만 보면, 새로운 아이디어는 나오지 않는다. 좋든 싫든 논리적 사고는 '당연한 것을 당연하게 설명하기' 때문이다. 논리적 사고가 중요한 상황은 아이디어를 창출하는 단계라기보다 그 후의 공정, 즉 다른 사람에게 자신의 생각을 알기 쉽게 설명하는 단계다.

창조성이 필요한 상황에서는 비약하는 과정이 꼭 필요하

지만, 하류 쪽에 특화된 기존의 교육에서는 이러한 두뇌의 사용법을 그다지 연습할 기회가 없다(비약하기를 위한 기본 작업인 추상화는 시험공부를 하면서 내부적으로 단련해왔으나 외부적으로는 그렇게 보이지 않는다).

서론이 길어졌으나 창조성을 발휘하기 위한 사고법으로 '유추 사고'가 있다. '멀리 있는 세계에서 아이디어를 빌려온다'라는 개념이다.

예를 들어 일을 기획할 때 취미에서 아이디어를 가져온다거나 신상품에 대한 아이디어를 전혀 다른 업계나 역사적 사건에서 빌려오는 발상이다. 역사에 남은 위대한 과학적 발견도 상당수가 이런 발상에서 나왔다고 한다.

가령 글리코 사의 막대 초콜릿 과자 '포키'는 손으로 잡는 부분에만 초콜릿이 없다. 이것은 쿠시카츠(꼬치에 고기나 야채 등을 꽂아 튀긴 음식-옮긴이)와 소스의 관계를 보고 고안한 것이고, 캐논사의 잉크젯프린터의 잉크를 열로 분사하는 아이디어는 우연히 주삿바늘에 납땜인두가 닿은 것을 보고 생각해냈다고 한다.

이처럼 전혀 다른 분야와 자신의 분야를 연결 지어 멀리 있는 세계에서 생각을 비약시키는 사고법이 유추 사고다. 여기서 중요한 점은 그저 비약한 것처럼 보이는 아이디어도 잘 들여다보면, 두 대상의 공통적인 속성을 발견함으로써 나왔다는 사실이다.

따라서 비약하기 위해서는 연결이 필요하다. 서로 모순되는 것처럼 보이는 대상을 구체와 추상 사이를 오가며 발전시켜 나가야 한다. 구체적인 상태에서는 '멀어 보이는' 것도 추상화라는 패턴 인식을 통해 연결 지으면 실제로 추상 상태에서는 가깝게 이어질 수 있다. 이 관계에 대해서는 〈도표 6-9〉를 참고하기 바란다.

예를 들어 '포키'의 사례로 말하면, 겉보기는 쿠시카츠와 다르지만, 큰 구조상으로는 유사한 모양과 '소스에 찍어 먹으면 맛있지만 손에는 안 묻었으면 좋겠다'라는 희망에 공통점이 있기 때문에 이런 비약이 일어날 수 있었다.

여기서 본 대로 '비약하지 않은 상태'와 '비약한 상태'의 차이는 아이디어의 원천이 가까운 곳에 있느냐 아니면 먼 곳에 있느냐의 차이로도 이어진다. 가까운 곳에서 아이디어를 빌려오는 것과 먼 곳에서 빌려오는 것의 차이를 〈도표

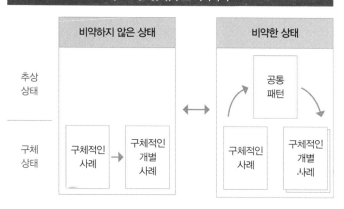

〈도표 6-9〉 유추로 비약하기

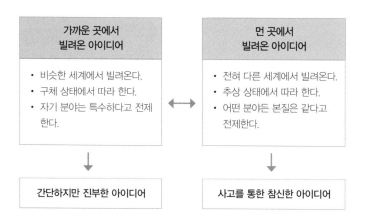

〈도표 6-10〉 먼 곳에서 아이디어 빌려오기

6-10〉에서 비교해보자.

가까운 곳에서 빌리는 것은 단순히 겉보기나 표면적인 부분을 베끼는 것이라면, 먼 곳에서 빌리는 것은 전혀 달라 보이는 분야에서 이 책에서 말하는 보이지 않는 추상 상태를 흉내 내는 발상이다.

이러한 사고회로의 전제가 가까운 곳에서 빌려오는 경우는 '자기 분야는 특수하며 다른 분야와 다르다'라는 생각이라면, 반면 먼 곳에서 빌려오는 경우는 '어떤 분야든 본질적으로는 기본 원리가 같다'라는 생각이다.

※ 유추는 "비슷한 점을 발견한다"라는 면에서 비유나 우화와 밀접한 관계가 있다. 매일 달라 보이는 대상들의 공통점을 찾는 것이 유추 사고의 연습법이다. 자신의 일이나 일상을 뭔가에 비유해보자.

- 자신의 일과 비슷한 직업이나 동물, 회사 혹은 유명인 등 여러 개를 찾아 공통점이 무엇인지 생각해보자.
- 위에서 찾은 대상을 철저하게 검토해보고 자신의 일에 응용할 수 있는지 살펴보자.

※ 예를 들어 동물이라면 그 동물의 생태를 상세하게 조사해보고 배울 점이 있는지 찾아보자. (ex. 먹이를 찾을 때의 습성 등을 찾아보고 활용할 수 있는지 생각해본다.)

7장

너무 생각에만 빠지면 안 된다

생각하기 주의점

■

생각하기가 반드시 긍정적으로 작용한다고 말할 수는 없다. 때로는(관점에 따라서는 거의 대부분일 수도 있다) 사고를 하지 않는 사람이 매일 더 행복하게 사는 것처럼 보이기도 한다.

7장에서는 이러한 생각하기의 폐해와 대처법을 소개하는 동시에 '그래도 생각하기는 중요하다'라는 메시지를 재확인하여 사고의 세계로 한 걸음 더 나아갈 수 있도록 도움을 주고자 한다.

고독에 사무칠 수 있다?

생각하는 사람이 되는 것은 이 세상에서 소수파가 된다는 뜻과 같다. 거꾸로 말하면 이 세상에는 압도적인 다수가 선례를 따르고 과거를 후회하며 이해하기 쉬운 구체적인 정보에 움직이며 위대한 사람의 말을 듣는 사람들이다.

이것은 반드시 'A는 왼쪽 유형에, B는 오른쪽 유형에 해당한다'라며 사람에 따라 나눌 수 있다고 말하기는 어려우며, 대부분의 경우는 한 사람 안에서도 '깊이 생각하는 영역'(관심 있는 영역)에서는 오른쪽의 사고회로가 움직이고, '별로 생각하지 않는 영역'(별로 관심 없는 영역)에서는 왼쪽의 사고 정지 상태에 빠지기도 한다.

여하튼 세상 사람의 대다수는 그다지 생각하지 않는 상태로 살아가고 있다. 상류와 하류의 항목에서도 언급했으나 상류는 수량(水量)이 적고 울퉁불퉁한 바위가 많으며, 하류는 수량이 많고 둥글둥글한 모래알이 많다는 점을 떠올리면, 이 책에서 말하는 상류 역시 당연히 양적으로도 압도적인 소수라는 사실을 알 수 있다.

이 책에서 말하는 '스스로 생각하는 힘'을 익히면, 자기만의 개성을 나타낼 수 있고 1장에서 말한 여러 가지 이점을 얻을 수 있는 반면, 이 세상에서 고립되어 고독해질 수 있다. 생각하는 사람과 생각하지 않는 사람 사이에 비대칭성이 존재하기 때문이다.

여기에서 말하는 비대칭성은 생각하는 사람에게 생각하지 않는 사람은 잘 보이지만, 생각하지 않는 사람은 생각하는 사람을 제대로 보지 못하고, '그냥 이상한 사람'으로만 여기는 매직미러와 같은 상태를 뜻한다. 생각하는 사람으로 변화하려고 해도 주변 사람들의 이해를 받지 못하는 경우가 많다.

'왜 규정을 그대로 따르지 않지?'

'왜 남들과 다르게 행동하고 싶어 하지?'

'왜 분위기 파악을 하지 않지?'

매일 매 시간 이런 저항이 부딪힐 것을 각오해야 한다. 이 책이 사고의 세계에 발을 들여놓고 싶어 하는 사람은 물론이고, 이미 한쪽 혹은 양쪽 발을 들여놓은 사람에게도 새삼 자신이 있는 세계의 규칙을 명확하게 확인하고 공유하는 데 도움이 되기를 바란다.

고독한 사람들에게 사실은 자신 외에도 그런 기분을 느끼는 사람이 많다는 사실을 재확인시켜주고 용기를 갖고 앞으로 나아갈 수 있도록 돕는 것이 이 책의 목적이다. 사고의 길을 걷고자 하는 사람에게 고독은 필연적이다. 또한 이 구도를 이해하고 나면 일상생활이나 직장에서도 어떻게 행동해야 하는지 알 수 있다.

다른 사람에게 이해받고 싶어 타인에게 설명하거나 연설할 때 사람들은 철저하게 왼쪽의 사고회로를 가지고 있다고 상정하면 된다.

자신이 오른쪽의 사고회로를 움직이고 있다고 해도 대다

수의 사람들은 반대의 사고회로를 가지고 있다는 점을 이해하면, 구체적이고 금방 알 수 있으며 권위나 규칙의 힘을 빌려 설명하게 된다. 그러면 사람들에게서 한결 이해받기 쉬울 것이다. 여기서 자신의 사고회로를 정당화해도 아무런 의미가 없다.

자신이 사회의 소수파이며, 이해받기 힘든 존재라는 점을 충분히 자각하고 행동하면, 살아가는 데 겪는 여러 어려움이 해소될 뿐만 아니라 이 책에서 말하는 '스스로 생각하는 힘'을 어디에 사용해야 하는지 알 수 있다.

머릿속이 시끄러워 괴로울 수 있다?

스스로 생각함으로써 다른 사람은 보지 못하는 것을 볼 수 있게 된다. 그렇게 되면 우리 생활이 풍요로워지지만, 반대로 몰랐던 괴로움이 늘어나기도 한다.

동물 중에서 인간만이 자살한다는 말이 있다. 이 점을 거꾸로 생각해보면 자신의 생명을 스스로 끊어야 할 정도의 괴로움을 안고 있는 생물은 우리 인간뿐이라는 뜻이다.

세상에는 보지 않는 것이 나을 때도 많다. 그러나 여기에도 인간 심리의 비대칭성과 불가역성, 즉 되돌아갈 수 없다는 특성이 있다.

한 번 본 것을 없던 일로 만드는 것은 불가능하다. 더욱이 볼 수 있는 사람은 보지 못하는 사람을 이해할 수 있으나, 보지 못하는 사람은 보는 사람을 이해할 수 없는 비대칭성이 존재한다.

이 점이 '왜 이해받지 못할까?'와 같은 스트레스를 낳는다. 영화 〈너의 이름은〉에는 다음 날 대재앙이 일어날 것을 아는 주인공이 마을 사람들을 피난시키려고 소란을 떨지만, 앞일을 모르는 대다수의 사람들은 차가운 반응을 보이는 장면이 나온다. 이뿐만 아니라 SF 스토리 등에서도 예지 능력 혹은 투시 능력이 있는 소년이 주변 어른들에게 자신만이 볼 수 있는 사실을 알리려고 노력해도 진지하게 상대해주는 사람이 없는 장면이 심심찮게 나온다. 그야말로 '보지 못하는 것을 볼 수 있는' 사람의 비극이라고 할 수 있다.

사고의 세계는 지식의 세계와는 정반대라고 할 수 있다. 지식, 특히 문서화된 지식이나 형식지(形式知, 구체적인 언어나 문서로 표현하여 여러 사람들이 공유할 수 있는 지식-옮긴이)는 눈에 보이는 형태로 되어 있으므로, 모르는 사람도 아는 사람과의 차이가 잘 보인다. 그래서 아는 사람과 모르는 사람의 차이가 누구의 눈에든 명확하게 보여 '지식의 양을 갖고 경합하는' 퀴즈 방송이 인기를 얻는 것이다.

그러나 생각하는 사람과 생각하지 않는 사람의 차이는 눈에 보이지 않는 것을 볼 수 있느냐 없느냐의 문제이기 때문에, 앞에서 말한 비대칭성(한쪽에서 반대쪽은 보이지만, 그 반대는 보이지 않는 성질)이 존재한다. 볼 수 있게 되는 것이 반드시 좋은 것만은 아니라는 사실을 명심해둘 필요가 있다.

결정이 늦어진다?

다른 사람의 말을 그대로 실행하는 것의 최대 이점은 시간이 많이 걸리지 않는다는 점이다. 생각하기는 거기에서 한 단계를 더해 '정말일까?' 혹은 '그 상위 목적은 무엇일까?'를 고민해봐야 한다.

그러면 분명 아무것도 생각하지 않는 사람보다 결정이 늦어진다. 생각이 너무 많아서 아무것도 결정하지 못하는 것도 이런 사람들이 겪는 문제다.

하지만 그것을 막을 수 있는 대책도 있다. 생각이 너무 많다는 것은 사실 사고 정지 상태와 마찬가지다. 생각하는 속도에 대한 3단계를 살펴보면 다음과 같다.

1. 전혀 생각하지 않는다: 이해하기 쉬운 사고 정지의 단계
2. 한정된 시간 내에 생각한다: 가설 사고가 필요한 단계
3. 시간제한 없이 계속 생각한다: 실제로는 사고 정지의 단계

전혀 생각하기 않는 것도 너무 많이 생각하는 것도 사실은 발전적으로 두뇌를 활용하는 방식은 아니다. 또한 생각하기를 실천하면 장기적으로 일을 해결하는 시간이 확실히 짧아지고, 효율적인 방향으로 진행된다. 뭔가를 맹신하여 나중에 잘못을 깨닫고 되돌아오는 것을 사전에 막을 수 있기 때문이다.

예를 들어 시험을 칠 때 '먼저 전체를 훑어보고 우선순위를 정해서 작전을 세우는' 행위는 실제로 정답을 표시하는데까지 걸리는 시간은 오래 걸릴 수 있다. 하지만 반대로 전체적인 시간 배분이 가능해서 되돌아오는 일이 줄어드는 만큼 종합적으로 보면 시간을 훨씬 더 절약할 수 있다.

사고력이 필요 없는 곳도 있다?

'생각하는 힘이 중요하다'라는 이 책의 근간이 되는 주장
도, '옳은 것이 있으면, 틀린 것도 있다'라는 이 책의 또 다른
주장도 여기까지 읽은 독자라면 그 뜻을 이해할 것이다. '모
든 것은 상황에 따라 다르다'라는 점이 이 책이 일관성 있게
전하는 메시지다. 특히 어떤 상황에서 생각하는 힘이 필요한
지, 반대로 어떤 상황에서 그다지 필요하지 않은지(혹은 오히
려 해로운지)를 정리해둘 필요가 있다.

한마디로 표현하면, 상류에 해당하는 일을 할 때 생각하
는 힘이 필요하다. 구체적으로는 다음과 같은 상황의 차이로

표현할 수 있다.

장기적 계획과 단기적 실행

계획 단계에 필요한 것은 사고력이고, 실행 단계에 필요한 것은 별 생각 없이 무조건 행동하는 자세다. 게다가 단기적으로 결과를 내야 하는 경우에도 무조건 실행하는 자세가 필요하다. 이에 반해 장기적인 전략을 생각할 때 필요한 것은 사고력이다.

계획과 실행이라는 측면에서 나아가 한 가지 더 중요한 점은 논리와 감정의 관점이다. 냉정하게 전체를 바라보고 계획할 때 필요한 것은 논리적으로 생각하는 자세지만, 계획을 실행에 옮겨 사람을 움직일 때 필요한 것은 감정이며 오히려 비합리적인 인간 심리를 이해하는 자세다.

이에 대해서도 후자를 강조하기 때문에 '이론은 필요 없다'라는 주장이 힘을 얻을 때가 있으나 이 역시도 전형적으로 '상황에 따라 다른' 사례 중 하나다.

이노베이션과 오퍼레이션

새로운 일에 도전하고 세상을 바꾸는 벤처기업이 혁신에 몰두할 때 가지는 자세와 기존의 거대한 조직이나 대기업, 정부가 사람을 움직이고자 할 때 취하는 자세는 다르다.

최근 이런 기득권층에서도 변혁이나 혁신을 외치는 일이 많아졌지만, 그것은 어차피 기존의 완전 사고 정지 상태에서 이루어졌던 상명하복 체제나 전례지상주의에 비해 다소나마 변화를 지향하여 스스로 생각할 필요가 상대적으로 중요해졌을 뿐이다.

여전히 이런 조직과 업무에 중요한 것은 윗사람에게 들은 것을 맹목적으로 수행하는 자세임에는 변함이 없다. 어떤 분야에서든 사고력이 상대적으로 중요해진 것은 의심할 여지가 없지만, 그 중요성의 크기에는 커다란 온도차가 존재한다.

혁신의 중요성이 커지는 것은 사회나 조직에 변혁이 필요한 경우다. '변혁의 필요→새로운 시스템 구축→상류의 관점에서 수행'으로 이어진다.

현대 사회가 처한 상황은 대부분 변혁이 필요한 상황이라
고 말할 수 있다.

05

타인을
믿을 수 없게 된다?

생각하는 것은 의심하는 것이라고 2장에서 말한 바 있다. 의심하는 태도는 다른 사람을 쉽게 믿지 못하는 태도와 이어질 수도 있다.

대학 교수나 의사 등 권위 있는 사람이나 상사나 선배 등을 비롯한 모든 사람의 말을 단지 그 사람이 말했다는 이유로 믿는 것이 아니라 '나는 그 의견에 찬성할 수 있는가?'라는 관점에서 다시 생각해봐야 한다.

그러면 주변의 모든 사람을 믿지 못하게 될지도 모른다. 어쩌면 '이렇게 살아도 좋은가?'라는 생각까지 들 수도 있다. 실제로 이 단계까지 도달하는 것만으로도 대단한 일이지만, 근접하는 일이야 얼마든지 있을 수 있다.

그럴 때 필요한 것은 '실제'와 '해석'을 나눠서 생각하는 자세다. 그 나름대로 권위 있는 사람, 선배, 상사 등의 말은 적어도 '사실'의 측면에서는 대개 배울 점이 많다. 그러나 그에 따른 해석은 그 사람만의 것이므로 반드시 자신이 지금 직면해 있는 상황에 맞는지 아닌지 의심해봐야 한다.

앞에서 언급한 의견은 든되 그 인은 의심해보는 자세를 잊지 말자.

타인에게 미움받는다?

인간관계에서 '왜?'라는 물음은 가장 미움받을 가능성이 높은 질문이다. '왜?'의 특수성은 앞에서도 말했지만 그 외의 '어디서?', '누가?', '무엇을?', '언제?' 등에 비하면 좋든 싫든 상대방에 대해 깊이 파고드는 질문인 만큼 다른 사람의 마음속에 발을 들여놓게 된다. 그래서 지나치게 노골적으로 물으면 남의 경계심을 초래할 뿐만 아니라 경우에 따라 불쾌감까지 주는 경우가 종종 있다.

하지만 이러한 일을 피하기 위한 방법이 하나 있다. 조금 훈련이 필요하지만, 내용상으로는 '왜'를 묻되 '어디서'나

'누구'라는 의문사를 써서 묻는 방법이다.

예를 들어 자료를 만들라는 의뢰를 받았을 때 "왜 만들어야 하나요?"라고 물으면, 말에 가시가 돋친 느낌이 난다. "언제쯤 누구에게 제출하나요?" 혹은 "어디에 쓰실 건가요?"라고 물으면, 사실 거의 같은 내용을 묻고 있지만 한층 부드러운 표현으로 바뀐다.

여기서 포인트는 자신이 묻고 싶은 바는 상위목적이라는 사실을 의식하면서 질문하는 방법을 잘 생각해야 한다는 점이다.

나는 생각한다 고로 존재한다

지금까지 살펴본 생각하기의 연습법은 어떠했는가? 생각하기란 나누는 것인 동시에 나누지 않는 것이다. 비약하는 것인 동시에 비약하지 않는 것이기도 하다. 얼핏 모순투성이처럼 보이는 메시지도 모두 전제 조건이 있고 결국은 부분적인 이야기에 지나지 않기 때문에 이런 일이 일어난다.

옳고 그름이 없고, 묵묵히 견뎌야 한다는 이 책의 메시지대로 사고의 세계에 발을 들여놓은 여러분은 평생 마음이 개운하지 않은 상태와 공존해야 한다.

책의 마지막까지 읽어도 정답지가 없는 것은 인생이나

일, 인간관계에서도 마찬가지다. 때로는 20점이라도 합격할 수 있고, 때로는 200점을 받아도 여전히 부족할 수도 있다. 그것이 바로 사고라는 세계의 특징이다.

아마 지금의 AI는 그런 '적당히 모호한 상태'를 견디지 못할 것이다. 그 점에 바로 인간의 존재 가치가 있는 것이 아닐까?

초판 1쇄 인쇄 2021년 5월 15일
초판 1쇄 발행 2021년 5월 20일

지은이 호소야 이사오
옮긴이 정은희
책임편집 하진수
디자인 그별
펴낸이 남기성

펴낸곳 주식회사 자화상
인쇄,제작 데이타링크
출판사등록 신고번호 제 2016-000312호
주소 서울특별시 마포구 월드컵북로 400, 2층 201호
대표전화 (070) 7555-9653
이메일 sung0278@naver.com

ISBN 979-11-91200-30-0 03320

파본은 구입하신 서점에서 교환해 드립니다.
이 책은 저작권법에 의하여 보호를 받는 저작물이므로 무단 전재와 복제를 금합니다.